教室に正義を！

いじめと闘う教師の⑬か条

諸富祥彦 著

図書文化

はじめに

いじめは、一つ対応を間違えると、子どもの命が失われかねない深刻な問題です。

本書は、いじめられている子どもの、この「死ぬほどのつらさ、苦しさ」を絶えず念頭におきながら、①どうすれば、いじめられている子を救えるか、②どうすれば、いじめを許さない「正義の子ども」を育てることができるか、この二点についての方法を示したものです。学校で、すぐに行うことができる方法を、「こうする」と具体的に示しています。

その背景にあるのは、私が千葉県内の公立中学校で十年近く行ってきたスクールカウンセラーとしての経験です。スクールカウンセラーとして子どもたちの悩みを聴いていくなかで、最も多い相談の一つが、女子同士のいじめや仲間はずしの問題です。スクールカウンセラーをしていて、いじめや仲間はずしにかかわる話を聞かない日は、残念ながら一日もないと言っていいほどです。

またカウンセラーとして、多くのいじめられている子どもをもつ保護者のカウンセリングをし、相談にのってきました。当然のことですが、わが子がいじめにあった保護者は憤り、また大きな悲しみを抱いています。カウンセリングの最中に「どうしてうちの子がこんな目に」と、天を見つめ、大きな涙を流された方も決して少なくありません。

私のもう一つの顔は心理学の大学教員です。専門の一つが学校カウンセリングです。その立場から多くの先生方の相談にものってきました。一九九九年十一月からは「悩める教師を支える会」という会を結成して、教師の心の支援にも努めています。

多くの教師が手を焼く問題の一つが、学級や学校の子どもたちの人間関係のねじれや、仲間はずし、いじめの問題です。いじめの問題にどう対応すればいいか、一緒に知恵をひねりながら先生方と何度も作戦会議（コンサルテーション）をしてきました。

そうした経験を何年も重ねるうちに、「いじめへの対応はここがポイントだ！」という勘どころのようなものが次第につかめてきました。もちろん、具体的には個々のケースによって異なりますが、いじめに積極的にかかわっていくための、いくつかの原則のようなものが見えてきたのです。

本書で私は「ここだけははずせない！」といういじめ対応の原則を示していきます。

可能な限り具体的に、明日からすぐにでも行っていただける、実践的なポイントを示していきます。

これから、

①いまどきのいじめの現実

②いじめられている子どもをこうやって救出せよ！（緊急対応）

③いじめを許さない子どもをこう育てよ！

いじめの快楽に打ち克つ強い正義の感覚に満ちた学校

＝〝正義の共同体〟としての学校をこうやってつくっていこう！（予防・開発的対応）

④現代のいじめがはらんでいる問題

この四つの点について述べていきます。

教室に正義を！

—いじめと闘う教師の13か条—

はじめに

目次

第一章　現代のいじめ

—これだけは知っておきたい—

第二章　いじめが起きた！　まずこう対応せよ!!
―緊急対応の7か条―

第三章　いじめのない学級・学校をつくる
―予防・開発的対応の6か条―

おわりに　「正義の感覚」に満ちた学校を
―いじめ問題が学校に問いかけているもの―

第1章 現代のいじめ

―これだけは知っておきたい―

1. いじめられている子の行動の特徴

いじめ問題の根深さ

私がいじめ問題の根深さを痛感したのは、大学生のカウンセリングをしているときです。学生相談をしていると、死にたいと訴える若者たちが少なくありません。また実際に自殺未遂をしたり、繰り返したりする学生も少なくありません。私のこれまでの経験で言うと、自殺を試みる学生、死にたいと言う学生の七〜八割は、小・中学校で何らかのいじめを体験しています。いじめのダメージはそれほど重いのです。

つまり、小・中学校でのいじめであっても、そのときにいじめ自殺が起こるとは限りません。小・中学校のときに死なないとしても、いじめ自殺は五年後、十年後に起こるかもしれないのです。

いじめは、いじめられている子どもを強い自己否定の状態におとしめていきます。こんな自分なんか値打ちがない、生きている価値がない、友達になるに値しない……そのような強い自己否定感にとらわれ、自殺に至ってしまうのです。

私が前にカウンセリングをしていた自殺未遂の経験がある男子は、中学校二年生のときにひどいいじめを受けて以来、一切、心を開くことができなくなっていました。自分から友達に近寄ることができないし、友達が近寄ってきてもすっと身を避けてしまうと言います。友達は怖い、友達に嫌われるのも怖い、こんなだめな自分に友達ができるはずがない……。そんな思いが絶えず頭の中を巡っていて、強い自己否定にさいなまれ、その結果、「自分には一生友達なんてできない」と思い込んでいるのです。

いじめは、その人の人生を壊すほどの大きなダメージを与えるものと言わざるをえません。この事例のように、下手をすると一生を台なしにしてしまいかねない大きな心の傷を与えているのです。

いじめを相談しようとしない

いじめに関して教師や保護者、子どもの相談を受けていると、共通して出てくるのが、「いじめられていることを親や先生に言えない」「子どもがいじめられると言ってくれない」ということです。

なぜ、いじめられている子は自分がいじめられていることを言えないのでしょうか。それには、次のようないくつかの複合した理由があると考えられます。

①親に迷惑をかけたくない、心配させたくない
②親（先生）に言うともっといじめがひどくなる
③親（先生）に言って、学校で指導が行われると、自分がいじめられていることが周囲に知られてしまい、いじめの事実が固定化されてしまうのが怖い

よく聞かれるのが、一つ目の「親に迷惑をかけたくない」「心配させたくない」という言葉です。この言葉には、「親には自分がいじめられているとは思われたくない」という気持ちも含まれています。保護者の前でいい子を演じてきた子どもにとって、自分がいじめられていると打ち明けることほど、みじめでつらいことはありません。自分がいじめられていることを知ったときの、嘆き悲しむ両親の顔を想像し、「それだけはできない」と思ってしまうのです。

二つ目は、「親に言うともっといじめがひどくなる」です。いじめを保護者に訴える

と、ほとんどの保護者は学校に連絡し、いじめへの対応を求めます。そうすると、教師も学級会を開くなどの対応をして、いじめの事実は周囲に知れ渡ることになります。つまり「公に知れ渡ったいじめ」という重大な事態になってしまうのです。さらに「あいつはちくった」と受け取ったいじめっ子が、どんな報復をしてくるかが怖くなります。これは、保護者が騒ぐとひどくなってしまうと思っている子どもは少なくありません。これは、教師に対しても同じことです。

三つ目は、子どもたち自身がいじめについて考えたうえでの対処です。

子どもたちは、いじめは一時的な嵐のようなものであって、そのうち何もなかったかのように過ぎ去っていくことを願っています。つまり、いじめられている期間をできるだけ短くするために自分だけが我慢をして、「何もないこと」にしておくのが一番、と考えているのです。そうしていると、そのうち違う人にターゲットを移してくれるんじゃないか、という期待があるのです（実際には、だからこそ「無抵抗なやつ」と思われ、いじめがエスカレートしていくのですが）。

もしいじめの事実を訴えて、それを教師が、教室のみんなの前で口にしてしまったら、自分はこれからずっと「いじめられた子」というスタンスで接し続けられることになります。その結果、周囲に「いじめられっ子である」と認知され、いじめられる役割が固定化されてしまうのです。いまのまま、静かにしておけば、そのうち何もなかったかのようにターゲットが、ほかの人に移っていくはず。そう期待しているからこそ静かにしているのです。

子どもたちは、子どもたちなりに計算をして、自分の被害をできるだけ短期間に済ませようと思うからこそ、いじめられたことを言わないのです。大人の世界に吸い上げられると、自分がいじめられていた事実も固定化されてしまいます。しかしそれは子どもたちにとって、とても耐えがたいことなのです。それを防ぐために、子どもたちは何事もなかったかのように過ごし続けます。そしてそのために、かえっていじめが長期化し、エスカレートし続けるのです。

無理に学校に通い続ける

また、子どもたちは、いじめられていることを保護者や教師に言わないだけでなく、いじめられていても学校に通い続けようとします。なぜでしょうか。なぜ子どもたちは、自分をいじめる子が待っている地獄のような場所（学校）に通い続けるのでしょうか。

うちの子をいじめるのは誰!?
まぁまぁ
チッ
フン
なんで来たんだ…
お前ちくったろっ!!

さしあたり、次の二つの理由が考えられます。

①学校を休むと、いじめた子に「いじめの事実を親にちくった」と思われ、さらにいじめがひどくなるのではないかと不安に感じる
②学校をしばらく休んだあと、ほかの子にどう見られるかが怖い

いじめられている子の少なからずは——特に周囲の視線を気にするタイプの子たちは——いじめられても、学校に通い続けようとします。それは、学校を休むことで、いじめが余計に激しくなることを恐れているからです。

教師や保護者は、「頑張って学校に行っているから元気じゃないか」と、思ってしまいがちです。しかし、いじめられている子どもが、つらい思いをしてもなぜ学校に行くかというと、学校を休むと「いじめのことを、大人たちに伝えた」「あいつはちくったに違いない」といじめっ子に思われるのではないか、不安だからです。

保護者にいじめの事実を打ち明ければ、多くの場合「学校を休んだほうがいい」と言われることを、子どもたちは知っています。つまり、一旦休んでしまうと、「親にいじ

めを訴えて休んだ」といじめっ子に思われ、いじめがもっとひどくなるのではと考え、学校を休めないのです。

また、「学校に行けなくなったときの周りの視線」をとても恐れています。いじめられている子の多くは、中学生くらいの思春期の子どもです。この年代の子どもたちは、思春期特有の心理で、ほかの子からどう見られるのかということを非常に気にします。特に、いじめられても、人に訴えたり休んだりできないタイプの子どもは、恥の意識が非常に強いので、周囲の視線を気にする自分の気持ちにがんじがらめになり、身動きが取れなくなってしまうのです。

このタイプの子どもたちは、もし、学校を休み始めてしまい、ある程度休んだあとに学校に行くと、「何しに来たんだよ。あいつ」「今日、来てるじゃん」と冷たい視線を浴びせられると予測しています。その視線に耐えられないので、そう見られるくらいなら、無理してでも「何もない」ふりをして、地獄のような学校に通い続けようとするのです。

2. 現代のいじめが見えにくいこれだけの理由《ワケ》

いじめが起きる年齢

いじめはどの年齢層で引き起こされるのでしょうか。調査結果を元に考えてみます。

一．いじめの起きやすい年齢

埼玉県教育局が、県内五〇〇〇人強の小・中・高校生を対象に行ったいじめの調査結果によると、いじめが最も多かったのが、小学校四年生です※1。四年生の五割が、いじめられたことがあると答えていたのです（「あなたは、いじめられたことがありますか」という質問に対して、「はい」と回答した小学校四年生が五〇．五%、小学校六年生が四三．三%、中学校二年生が三八．二%、高校二年生が三四．一%）。

この調査の第一位は小学校四年生で、文部科学省がこれまで中学校一年生が最多としていた、いじめられる子どもの年齢と若干ずれがあります（ただし、文部科学省の調査とはいじめの定義が異なるため、単純な比較はできません）。いじめの発生時期の低年齢化が起きているのかもしれません。

もう一つの変化は、高校二年生でも三人に一人がいじめを経験していると答えていることです。かつては、いじめは中学生までのもので、高校に入ると激減すると考えられていました。いまでは、高校生になっても、いじめがなくなるとは言えないのです。

いじめの様態も、学年によって変わります。

小学校四年生の回答では、悪口が一番多く、次に仲間はずれ、暴力、持ち物隠しと続きます。学級の特定の個人によるいじめが突出して多く、いじめられている子から見れば、だれが自分をいじめているか、特定しやすいのが特徴です。

いっぽう、中学生、高校生では悪口が一番多いのは同じですが、次に仲間はずれ、ひやかし・からかい、無視となります。年齢が上がるにつれ、グループによるいじめや仲間はずしが増えます。これは、だれがいじめているのか見えにくく、いじめられている子は「学級の全員から嫌われている」と感じやすくなります。

また、「いじめられた時期はいつですか」という質問に対して、中学校二年生の六六・五％、高校二年生の五五・三％がそれぞれ「小学生のころ」と答えており、ともにほかの時期より多くなっています。つまり、いじめの発生する年齢は、この調査による限り、小学校が最も多いと言えます。

二．深刻ないじめが起こっている年齢

もう一つ、警察が行った、いじめにかかわる事件についての調査結果があります。

二〇〇六年の一年間に全国の警察で検挙・補導した、いじめにからむ事件の調査結果によると、二〇〇六年度は前年比四一．二％増（約二三三件）で、四年連続で増加しています。検挙・補導者数も四一．一％増加（四六〇人）、うち中学生が七六．五％と、検挙・補導者の大半を占めています[※2]。

これは、いじめが増加したというより、いじめに対する意識が高まったために検挙数が上がったと見ることもできます。事実、いじめ被害を警察に相談したケースは、一九九七年は七．三％だったのに対し、二〇〇六年は三一％に増加しているのです。

二三三件の内訳は、いじめる側による傷害・脅迫が二二三件、いじめられた側からの仕返しが一〇件です。検挙・補導されたのは、小学生が一八人（前年比五人減）、中学生が三五〇人（前年比一一〇人増）、高校生は九〇人（二七人増）です。ほとんどが中学生であり、警察が介入するほどの深刻ないじめについては、その大半が、中学校で起こっているということがわかります。

両方を突き合わせて考えると、個人によるからかいを含めた、特定の子がつつかれる、いつも悪口を言われるなどという、本人にとっては深刻だが、検挙・補導に至らない比較的軽微とされるいじめは、小学校四～六年生が一番多いと思われます。

　しかし、より深刻ないじめになると、中学生が圧倒的に多いのです。

動機と対処方法の関係

　埼玉県教育局の調査では、対処方法についても調べています。「いじめられたとき、あなたはどのようなことをしましたか」という質問に対する返答は、どの年齢層でも「がまんした」がほぼ半数で最多です。また「いじめられたとき、だれに相談しましたか」という質問に対しては、学年が上がるごとに教師や家族への相談が減り、高校二年生になると四割が「だれにも相談しない」と答えているのです。

　いっぽう、警察による調査には、原因・動機の項目があります。これは、捜査の過程で、被害者・加害者への事情聴取を行った結果、原因・動機として分析されたものですので、当事者の判断だけでなく、ある程度客観的な判断がなされていると言ってもいいと思います。

そのなかで、最も多かった原因・動機は、「(被害者の) 力が弱い・無抵抗」というものです。これが全体の四六・三%と突出しています。次に「いい子ぶる、生意気」一五・〇%、「態度動作が鈍い」七・八%、「よくうそをつく」六・三%となっています。弱かったり、無抵抗だったりする子どもが集団でターゲットにされ、集中攻撃される――そんなシーンが浮かんできます。生意気な子、動きが鈍い子も、格好のターゲットにされるのです。

この二つの調査は、同じ対象に行ったものではありませんから、単純に引き合わせることはできません。けれども共通するのは、いじめられた側は時間の経過とともに解決するのを待って、あるいは事を荒立てまいと、「がまん」して対処しているのに対して、いじめる側は相手が「無抵抗」つまり、「がまん」するからこそ徹底的にターゲットにしていじめる、という構図が見えてきます。

二種類の「いじめ」

調査結果で見えてくるいじめの動機は、二つに分けることができます。

快楽主義的ないじめ　教育的動機によるいじめ

快楽主義的ないじめとは、いじめ自体を楽しむ、ただ楽しいからいじめるといういじめです。

そして、教育的動機によるいじめとは、「あの子のこんなところがよくないから」「○○ができないあの子はよくないから」と、相手の欠点をあげ、それを理由にいじめるものです。いじめているのは、「あの子のため」というわけです。

警察による調査結果のうち、その子が「力が弱い・無抵抗」だから、あるいは「態度動作が鈍い」からいじめる、というのは快楽主義的ないじめにあたります。これらを合わせると、約五〇％です。つまり、事件性のあるひどいいじめの半数は快楽主義的ないじめであり、ただ楽しいからいじめているのです。

いっぽう、「いい子ぶる・なまいき」「よくうそをつく」を合わせると約二一％になります。これが教育的動機によるいじめです。つまり現代のいじめは、五割の快楽主義的

《快楽的いじめ》
やれ、やれーっ!!
やめてよー!!
いたいー!!
グリグリだ!
松田ギブか!?
ピーピー
《教育的動機によるいじめ》
いつもいつも忘れ物してんじゃねーよ!!
なに聞いてんの〜
ツンツン
ツンツン
わざとなんじゃない??

ないじめと二割の教育的動機によるいじめに、大きく二分されると言えます。

教育的動機によるいじめの危険性

前述の調査は検挙・補導に至ったものなので、「力が弱い・無抵抗」「態度動作が鈍い」に集中していますが、警察の介入に至らない、学級で普通に行われているいじめに広げて考えると、教育的動機によるいじめの割合が高くなると考えられます。スクールカウンセラーとしていじめを含む相談にかかわっていると、最近は教育的動機によるいじめ（あいつに悪いところを気づかせてやるために、いじめる）が、学校・学級におけるいじめの主流になりつつあると感じます。

教育的動機によるいじめは、「相手にも悪いところがあるから、いじめていい。むしろあいつにわからせてやるためにいじめてやっているんだ」という意識が働きやすいので、ブレーキが利きにくいのです。つまり、「俺たちのしていることはいいことなんだ」「あいつにだめなところがあるから、それを直すためにやっているんだ。これは正しい行為なんだ」と正当化するので、自分がしているのは、悪いことなのだという罪の意識がなくなってしまいやすいのです。その結果、どこまでもいじめが繰り返されていくことなりがちです。
さらにこの教育的動機によるいじめの危険な点は、教師まで感覚が麻痺してしまい、いじめる側に加担してしまいやすいということです。次のような事例が報告されています[※3]。

A子の学級では、学年始めに「忘れ物をしない」という努力目標を決めた。学級担任は、一人ひとりの努力を褒め、児童を励ます指導を推進した。児童は、目標達成のためによく努力したが、友達の失敗を見逃すまいとするようになったり、失敗を見つけては責めるようになったりした。学級担任は、そのような学級の様子を、目標達成に向け「児童同士が互いに注意する姿である」として良好に受けとめていた。A子は、翌日の準備をする習慣が身についていなかったが、学級の約束ができてからは忘れ物をしないように努力していた。しかし、しばらくして、A子が続けて忘れ物をすることがあった。周囲の児童はA子に対して「なぜ、約束が守れないのか」と迫り、A子をきつい口調で非難したり、陰で悪口を言ったりした。また、学級担任も「続けて忘れ物をした」ことについて、学級の中で厳しく注意した。学級で居場所を感じられなくなったA子は、授業中に腹痛や頭痛を訴え、保健室に行くようになった。養護教諭がたびたび保健室を訪れるA子に事情を聴くと、A子は「みんなが自分を責める、口も聞いてくれない、自分も忘れ物をしないように頑張ってきたのに……。こんな学級にはいたくない」と話した。

（文部科学省『いじめ問題に関する取組事例集』八八頁より抜粋）

つまり、本来はいじめを発見し食い止める側の教師の感覚も、いじめている子が学級のリーダーだったり、いじめの内容が学級での約束を守らせようとしてエスカレートしたものだったりすると、つい感覚が麻痺し、いじめを黙認してしまいやすいのです。

いじめられている子どもにも、もちろん、だめなところ、改善すべき点があります。すべての人間には欠点があり、改善すべき点があるのです。このことと、いじめられることは、まったく別の話だと子どもたちに伝えなくてはいけません。「どんな理由があろうと、いじめはいけないのだ」と、明確に伝えていく必要があります。

現代の「いじめられっ子」の特徴

最近増えている、教育的動機によるいじめの対象となりやすいのは、一見わがままで生意気な子どもです。これも、現代のいじめ問題を非常に見えにくいものにしている理由の一つです。

いじめている側は、「あいつのわがままを直してやろうと思っていじめるんだ。俺たちは正しいんだ。なぜならあいつのわがままは悪いんだから」という論理になります。たしかに、一見したところ、生意気でわがままな「いじめられっ子」が多いのです。そのため、「あいつのほうが悪いんじゃないの、先生」と言われると、「たしかにそうだよな」と教師も思ってしまいやすいのです。これも現代のいじめの、非常に大きな特徴だと思います。

いまのいじめは、いじめられっ子にも、わがままで、自己中心的で、キレやすい子が少なくありません。いじめられている子どもが「死ね」「消えろ」などと悪口に反撃したりと、一見、強気なのです。そうすると、教師や保護者をはじめ、周りの大人も「いじめられているって言うけど、反撃できているから、大丈夫だ」「どっちもどっちだな」

「仲間割れじゃないのか？　いじめじゃないだろう。どっちも強いんだし」などと目くらましにあってしまい、いじめられている子どもも同罪としてしまいやすいのです。しかし、いじめられている子の言葉の強さは、強がっていないと自分がつぶれてしまうから強がっているだけです。その背景では深く傷つき、深刻ないじめ被害が起きています。いじめられている子の、表面的な強がりにまどわされないことが重要です。

私が先生方にお願いしたいのは、わがままで、強気で、言葉もきたない「いじめられている子」に幻惑されないでほしいということです。その背後にある子どもたちの心のダメージ、つらさに耳を傾けてほしいのです。

もしご自分で対応するのがむずかしかったら、「こんなふうに生意気なことを言っているんだけど」とスクールカウンセラーや、地域の臨床家に回して、その人たちにゆっくりと話を聞いてもらってもいいのです。子どものつらさに共感し、子どもの傷ついた気持ちを受けとめる場をつくることが重要です。

※1：埼玉県教育局生徒指導室「いじめに関する実態調査の結果（速報値）」二〇〇六年。

※2：警察庁生活安全局少年課「少年非行等の概要（平成十八年一～十二月）」二〇〇七年、

三一～三二頁。

※3：「いじめを正当化させないために学校全体で対応した事例（小学校）」文部科学省『いじめ問題に関する取組事例集』二〇〇七年、八八～八九頁。

3．いじめられている子が出す「サイン」

ここまで、現代のいじめがどのように行われ、いじめられている子どもはどのような行動をとるのかを述べてきました。では、周りにいる教師や保護者が、いじめられているという事実を子どもたちの様子からつかむことはできるのでしょうか。

いじめのサイン

いじめられている子から発せられるサインには、おもに次の三つがあげられます。

①言語化
②症状化
③行動化

一つ目の言語化というのは、「つらい」「学校に行きたくないよ」などと学校に行くのがつらいことを言葉に出して訴えることです。子どもはいじめにあっていることをなかなか言えないものですが、素直な性格で、普段から何でも保護者に言ってきた子には「僕（私）いじめられてるんだ……」と言葉に出して言ってくれる子もいます。こんなとき、周囲の大人は「なぜ行きたくないんだ」などと詰め寄らず、気持ちをくみ取って対応しなければなりません。

「いじめられていると自分から言う子どもは、大したいじめを受けていない」などと言う人もいますが、そんなことはありません。いじめがあまりにもつらいから、勇気を振り絞って訴えることが多いのです。こう訴えられたら、一〇〇％真に受けて、真剣に受けとめるべきです。このとき、絶対に口にしてはならないのが「気にしなければいいのよ」「もっと強くなりなさい」「あなたにも悪いところがあるんじゃないの」の三つの言葉です（二章四〇頁参照のこと）。

次は、症状化です。症状化とは、身体的な不調が表れることです。おなかが痛い、ご飯が食べられない（食が細くなる）、下痢になってしまう、などが出やすい症状です。さらに重くなると食べても吐いてしまうようになることもあります。いじめに関する相談を受けていると、まずこれらの消化器系の症状が一番多いと感じます。

それから次に頭痛、夜眠れない・眠りが浅くてすぐに起きてしまう（不眠）です。不眠の症状が出た場合は、うつ病になっている可能性も疑う必要があります。そのほかに、過呼吸（過換気症候群。精神的な不安によって呼吸が速く浅くなることで、血中の二酸化炭素濃度が低下し、過酸素状態に陥ること）も出やすい症状の一つです。

三つ目の行動化は、普段と行動パターンが急に変わることです。

いじめによって起きる行動化の代表的なものに、交友関係の変化があります。これは、いままで遊んでいなかった子と急に遊ぶようになり、実際には遊びと称していじめられているパターンです。「俺たち仲間じゃねえかよ」などと言って金銭を巻き上げたりするいじめの可能性があります。

「何であの子たちと急につき合うようになったんだろう」と教師や保護者が不思議に思うようなときは、強引にいじめのターゲットとして遊び集団に引き入れられている可能性があるということも、念頭に置いておくべきでしょう。

帰るのが急に遅くなる、学校の教科書などを持って帰らなくなる、などもあります。教科書などに落書きをされている場合は、見られないように学校に置いてきてしまうのです。

ほかにも、体（裸）を見せようとしない（着がえをできるだけ見られないようにする）などは、身体的被害を受けているときに起きやすい行動です。自分の体にあざや傷があるので、できるだけ見せないようにするのです。また、学校のことを聞いても口をつぐんだり、「別に」「普通」としか言わなくなることがあります。

もちろん、思春期の子どもたちですから、もともとこういった行動をとる子どももいます。以前との変化がないか、以前していなかった行動を突然するようになっていないかを、サインとして見ていくとよいでしょう。また、こういったサインが出ていれば、いじめではなくても何か子どもの心につらいところがあるかもしれないので、気をつけて見ていきます。

これらのサインを、教師だけですべて見つけるのはむずかしいものです。いじめを予防する意味でも、いじめのサインを発していないか、保護者と情報交換していく必要があります。一九〇頁にチェックリストの例を載せました。これを保護者に配布して子どもの様子について定期的に見てもらうといいでしょう。

《言語化》
早く学校行かないと遅刻するわよっ!!
いじめられてるから学校行きたくないんだ…
《症状化》
お腹いたい…
《行動化》
夜の8時までどこ行ってたの!!
ほんと心配するじゃない!!

サインをつかんだあとの聞き方

これらのサインに気がついたら次のように聞いてみるのもいいでしょう。

「もしかしたら自分がいじめられているんじゃないかな、なんて思うこともある?」

これに対して、うなずいたり、「そんなことはないけど、最近あまり話しかけてくれなくなったな、と思うことはある」などと答えたりした場合は、いじめが起きている可能性があると思っていいでしょう。いじめられた子どもたちは、自分がいじめられているということを認めるのは非常に恥ずかしい、情けないと思っているので、軽めに表現することが多いのです。

実際に、私が面接を行ったケースで、ある子どもが学級全員からシカト(無視)され、だれも話しかけてくれなくなっている事例がありました。子ども自身もそのことを教えに来たのですが、いざ言葉に出すときになると、「何か最近、話しかけてくれないなと思うことが多くなった」と薄められた表現を使うのです。その言葉だけだと、単に友達関係がうまくいっていないだけのように聞こえるのですが、よく聞いているといじめなのです。五人ぐらいのグループが突然、だれも何も話しかけてくれなくなり、そのうち、学級全員が彼女を無視するようになったと言うのです。

このような事例だと、「君のほうから話しかけてみればいいじゃない」「あなたが頑張ればいいのに」と言う教師や保護者もいます。しかし、この相談をしに来た子どもは、もともとコミュニケーション能力が高く、自分の気持ちを言葉で表現できました。彼女はこう言います。

「もしそこで話しかけて、話しかけられてもシカトされるんだということがわかるのが怖い。私はシカトされているというのを確認するのが怖い。だから話しかけられないんです」

この言葉は子どもたちの気持ちをよく言い表しています。教師は、自分から話しかければいいじゃない、と言ってしまいがちなのですが、いじめられている子どもからすれば、話しかけて一斉にシカトされたときの恐怖を想像すると、とても自分からは話しかけることはできないのです。

こうして、いじめがあることがわかってきたら、次はいじめへの具体的な対応を行わなくてはなりません。

第2章

いじめが起きた！まずこう対応せよ!!

―緊急対応の7か条―

第1条　教師と保護者が言ってはいけない三つの言葉

カウンセラーとしていじめにかかわってきた経験から、声を大にしてお伝えしておきたいことがあります。いじめられたという子どもの訴えに対して、教師や保護者は、次の言葉だけは絶対に言わないでほしいのです。

①そんなことぐらい気にしないようにすればいいのよ。
②もっとあなたが強くなればいいのよ。
③あなたにも悪いところがあるよね。

この三つの言葉です。これまで私が経験したなかで、学級の子どもがいじめられたとき、あるいは、わが子がいじめられていると知ったとき、教師や保護者の半数以上がこの三つの言葉のいずれかを口にしているのです。

子どもたちの不信感

いじめに悩んでいる子どもが、私のいるカウンセリングルームを訪れることがあります。私は、次のような子どもたちの言葉を何度か聞いています。

「先生、実は私、いまクラスのなかでいじめられているんです。みんなからシカトされたり、靴を隠されたりしています。すごくさみしくてつらいんですけど……。私はいじめられているということを学級担任の先生に言ったほうがいいでしょうか。あの先生に言って意味があると思いますか」

よく話を聞いてみると、この子たちの多くが、かつて同じようにいじめられていることを教師に相談したときに、非常に表面的な対応に終始したり、さきほど申し上げた三つの言葉を浴びせられた経験があるというのです。その結果、「先生に言っても、どうせ無駄かもしれない」――そんな気持ちを募らせてしまっているのです。

私はそういった子どもたちにこう言います。「ぜひ、相談に行ったらいいよ。先生ならきっと何かしてくれるから」

同時に教師にも「先生、〇〇さんがそのうち相談に行くと思います。よろしくお願いします」と伝えておきます。

私はスクールカウンセラーです。教師のサポーターになるというスタンスで学校にうかがっています。

スクールカウンセラーには、相談内容への守秘義務がありますが、いじめなどの学級や学校の子どもたち同士の人間関係にかかわる問題は、カウンセラーとして守秘義務を守るよりも、学校・学級での守秘義務（組織内守秘義務）と考え、必要だと考えられる情報は教師と共有するようにしています。

さて、私はこのようにして、子どもたちを送り出します。

帰ってきた子どもの六割ぐらいはこう言います。「先生、よかった。すっきりした。担任の先生、何とかしてくれるって。思ったよりも頼もしかったよ」

そう言って、その場でオセロやトランプやウノを始める子どもたちがいます。

けれども残念なのは、残りの子どもたちです。教師に相談に行く前よりも、さらに落ち込んだ顔で戻ってきます。

「あの先生に言ってもどうしようもない。何にも解決してくれる雰囲気はなかった。せっかく勇気を振り絞って相談したのに『そんなこと気にしなければいいのよ』って言われちゃった」「せっかく勇気を出して、いじめられていることを相談したのに『あなたにも悪いところがあるのよ』と逆に説教をされてしまって……。僕だって本当につらいのに」

こう言いながらカウンセリングルームに置いてある物を蹴飛ばして憂さを晴らしている子どももいます。

三つの言葉の問題点

さきの三つの言葉の何が問題なのか、考えてみましょう。

①そんなことぐらい気にしないようにすればいいのよ。

いじめられている子どもたちの相談にのっているときに、教師や保護者がつい言ってしまうのは「気にしなければいいのよ」「気にしないようにしなさい」「相手にしたらだめよ」といった言葉です。

ここで考えてほしいのは、この言葉はいったいどこから出てくるのかということです。

実は、「気にしないようにしたい」のは教師や保護者自身ではないでしょうか。担任している子どもやわが子がいじめられているという事実はとてもショックなことです。

何とかしなくてはいけない。けれども認めたくない。こういった事態に直面したときに大人の多くは「気にしないようにしなさい」「あまりそういうことを考えないようにしなさい」と言います。

また、いじめられている子どもたちは、いじめのことで頭がいっぱいになって、勉強も手につかない、部活にも行きたくない、もう何もしたくないという状態になっています。少しでもそういう状態から前向きになってほしいために、「気にしないようにしなさい」という言葉を言ってしまうのでしょう。

けれども言われた側の子どもの立場に立って考えてください。

「気にしないようにできるくらいなら、とっくに気にしないようにしている。気にしないようにできないほどつらいから、こう言っているんじゃないか。なのに何で気にしないようにしろなんて言うんだよ」という気持ちになります。

「私の本当のつらさを、この先生（親）は受けとめる覚悟がないんだな。私の抱えているつらさから目を背けたいんだな。私の気持ちをそらしたいんだな」

教師や保護者の姿勢を、子どもたちはそう感じてしまいます。その結果、もう二度といじめについては口を開きたくないという気持ちになってしまうのです。

②もっとあなたが強くなればいいのよ。

この言葉も教師や保護者の願望を表現した言葉にすぎません。もっと強くなれるのならば、とっくになっています。そうなれないから、いま、つらい目にあっているのです。教師や保護者が「いじめに負けない子になってほしい」と思うのは正直な気持ちです。それを願っているのは悪いことではありません。しかし、いまいじめられていて、非常につらい気持ちになっている子どもに言うと、子どもは、「あなたが悪いんだ」「弱いあなたがだめなんだ」と言われたように感じてしまいます。

このメッセージを受け取った子どもは、自分を否定されたような気持ちになります。いじめられて、強い自己否定感に駆られ、みじめな気持ちになっている子どもに「弱い私はだめなんだ」という打撃をさらに与えてしまうのです。見方によっては、いじめられている子どもに対して、教師がさらに軽いいじめを加えたととらえることもできます。

いじめで苦しんでいる子どもたちがその対応を求めて教師に相談したとき、「もっと強くなれ」と言われて、ダメージを受ける。これは言わば二次被害です。そのつもりはなくても、結果的に、「教師がいじめの二次被害に手を貸してしまった」という恐ろしい事態にもなりかねないのです。

強くなれるものならなっている、けれどもなれない。それほどつらいから子どもたちは相談しに来ているという事態を重く受けとめていただきたいと思います。

③あなたにも悪いところがあるよね。

これは説明の必要はないでしょう。最悪の言葉です。非常に落ち込んでいる子どもに、いま、自分自身の悪いところに目を向けさせようとする。ひどい言葉だと思います。けれどもある調査によると、教師の実に二割が、いじめられている子どもはいじめられても仕方がないところがあると答えています。この考え自体を徹底的に改めていただきたいと強く思います。

いじめられている子どもたちには、次のような特徴があると言われています。

・無抵抗
・生意気
・動きが鈍い、身体的な欠陥や特徴がある
・協調性がない（自己中心的）

確かにこれは短所と言えば短所でしょう。また、そう感じる教師の気持ちをくんで述べますと、最近、生意気な口調のいじめられっ子、言葉では強がって相手を強く非難す

気にしないように
しなさい！
もっと強くなりなさい！
あなたにも悪いところが
あるよね！
それができたら
相談しないよ…

るいじめられっ子が非常に多いのです。いじめる子だけでなく、いじめられる子にも、「死ねば」「消えろ」などの言葉を使う子が少なくありません。

それを見ていると、「この子は昔のいじめられっ子のようにしおらしいいじめられっ子じゃない。こんな生意気をことを言うくらいだから、放っておいても大丈夫だ。それよりも、この子自身の悪いところを改めさせなくては」と思ってしまうのかもしれません。

けれども、その子に欠点や短所があるということと、いじめられていることはまったく別のことです。短所は短所として、いじめとは無関係に（この問題が収まったあとで）教師が指導していけばいいことです。ですが、いま重要なことはいじめへの対応です。いじめられて非常につらい思いをしているときに、「あなたにも悪いところがある、それを反省しろ」と言われても、とても無理なことです。

周囲の友達からいじめを受け、「私なんかこの世にいないほうがいいんだ」「もうどうにでもなってしまえ」と否定的になり、投げやりになってしまっている子どもが、勇気を振り絞って教師に助けを求めたのに、返す刀で「自分の短所に目を向けろ」「反省しろ」と強要されれば、さらに絶望的な気持ちになり、落ち込んでいくことはだれの目にも明らかです。

人間、だれにでも短所はあります。短所があることと、いじめられていることをはっきりと区別しましょう。短所の指導はゆっくりと、いじめられている事実への対応は緊急に。この二つを明確に区別できないところから、さきほどの心ない一言が生まれてくるのだと思います。

チャンスを逃さない

教師や保護者が言ったこの三つの言葉のいずれかを耳にすると、子どもは絶望します。「この先生に言ってもわかってもらえない。親に言っても救ってはくれない。僕のつらさ、苦しさを理解してくれはしない……」そんな気持ちになって絶望し始めるのです。その後、どんなにいじめがエスカレートし、ますます苦しい立場に立っても「どうせ言ってもわかってもらえない」「解決してもらえない」という気持ちが募って、一切、心を開いてくれなくなるのです。

考えてみれば、自分がいじめられているということを、相手がだれであれ、告白するのは非常に勇気がいることです。「いじめられていることを言葉にするだけで自分がみじめな気持ちになるから言わない」という子どもたちもいます。よほど教師のことを信頼していなくては、自分がいじめられていることを告白しようという気持ちにはならないでしょう。

子どもたちの多くは、勇気を振り絞って相談に行くのです。このときの教師の対応で、その後の運命が決まると言っても過言ではありません。

チャンスは一回きり。このワンチャンスを絶対に逃さず、しっかりと子どもたちの話を受けとめてほしいのです。

第2条 子どもの話を「真に受けて」聴く

話をしやすい雰囲気をつくる

いじめられている子が教師に相談するのは、とても勇気のいることです。「この先生になら、相談してもいいかも」そんな気持ちにさせてくれる教師にしか、子どもたちは心を開こうとはしません。

では、どんな教師であれば、子どもからいじめの相談をしてもらえるのでしょうか。

そのためには、まず普段から「いじめは絶対に悪いことだ。いじめられている子どもがいたら先生が絶対守ってあげるからな！　必ず言ってくるんだぞ」「私は絶対にあなたたちの味方だ。いじめは絶対に許さないし、何が何でも先生は君たちを守るから」と何度も繰り返し宣言していることが重要です。この先生に言えば必ず守ってもらえると思えなければ、いじめられている子は相談できません。

また、いじめのことに限らず、普段から子どもたちのいろいろな悩みや苦しみに耳を傾けていく、いわゆるカウンセリングマインドの感じられる雰囲気を醸し出している先生でないと、なかなか相談してくれません。

カウンセリングマインドとは何でしょうか。私はいつもこのように申し上げます。

- せかせかとしていない
- この先生だったら確実にかまってくれそう
- この先生だったら邪魔っけに扱わない

こんな雰囲気を醸し出すことです。

「いま、先生、お時間いいですか。五分ほどよろしいでしょうか」こんなふうにたずねてくる社会人のような子どもたちはいないと思います。

「この先生だったらかまってくれるかな」「この先生だったらお邪魔してもいいのかな」「何かこの先生のそばだったら、いてもいいような気がする」と、その教師の周りに自分のスペース（空間）、自分の心の居場所があるように感じられると、子どもたちは安心して、スーッとそばによっていきやすいと思います。

その雰囲気を醸し出すには、普段から子どもたちにいろいろなつらいことがあったときに、適当にごまかさず、根気よく話を聞くことです。つまり、日常的な教師のカウンセリングマインドが、どれほど子どもたちに伝わっているか。「あの先生に話したらしっかり受けとめてくれる。あの先生はごまかさない。そらさない。邪魔っけにしない。忙しそうに追い払わない。本当につらいことを真剣に聴いてくれる。時間もたっぷり取ってくれる――」そういった教師の姿勢が普段から伝わっていてはじめて、「あの先生だったらいじめられていることを話してみようかな」という気持ちになるものです。

子どもの話を受けとめる

さて、子どもがいじめを訴えてきたら、どのように対応したらいいのでしょうか。まず話をよく聴くことです。子どもたちの話をそのままていねいに聴くこと、これが何よりも大事です。

いじめられていることを相談に来た子どもたちの少なからずが、泣きそうな顔で相談に来ることと思います。泣くのを我慢している様子があったら、こんなふうにひと言声をかけるのもいいでしょう。

「我慢しなくてもいいんだよ、泣いてもいいんだよ」
そんな一言をかけると、一気に涙があふれだす子どもも少なくありません。なかには震えて言葉にならない子どももいると思います。勇気を振り絞って話してくれる言葉の一つ一つをていねいに受けとめていきましょう。

なかには言っていることがよくわからなかったり、それは本当なのか、事実なのかと疑わしく思うこともあるかもしれません。また、その後の指導をどうすればいいかということが頭をよぎってしまうために、「何月何日何時何分に何があったの？　どこでどうしたの？　それはだれなの？」と、矢継ぎ早に事実確認を急いでしまうこともあるかと思います。

しかし、このとき必要なことは、事実確認ではありません。いじめられている子どもが勇気を振り絞って話してくれた、その気持ちを受けとめることが重要です。ここでしっかり受けとめて、「ああ、この先生は私の気持ちをわかってくれる。この先生は私の味方なんだ」といじめられている子どもたちに思ってもらうことを目的として、話を聴くことだけに徹するのです。

ここで事情聴取に走ってしまうと、子どもたちは嫌になって、「この先生に話すたび

最近
みんな口をきいて
くれないんです…
何かいつも避けられてて…
ノートとか机に
落書きされたり…
うんうん

にこんなに大変な思いをするなら、もう話すのはやめよう」と思うかもしれません。またいちいち「それは本当なの」「本当にそんなことがあったの？　あなた、ちょっとうそをついていない？」などと疑われてしまうと、いっぺんに話すのが嫌になります。

大事なことは話をよく聴くこと、子どもたちの話を「文字通りに、一〇〇％真に受けながら」話を聴くことなのです。この「真に受ける」という姿勢が、いじめられている子どもたちの第一声を聴くときには非常に重要になります。話をよく聴き、事実だけではなく気持ちに焦点を当てて、「そう、それはつらいね」などの共感するメッセージを発しながら、とにかくつらい気持ちを受けとめることに徹します。これがいじめへの対応のとき、教師や保護者がとるべき第一歩です。

つじつまの合わないことを言うとき

さて、子どもの話をよく受けとめて聴いたら、次に訴えている内容を確認していきます。このとき、子どもがつじつまの合わないことや、周囲の認識と違うことを話すことがあります。そのような話の食い違いがあったときに注意したいのは、そのことを理由に「この子が言っているのはうそだ、いじめはないんだ」と判断しないことです。

古田信宏が、次のような事例を紹介しています※1。

三年生のA男が、「一年生のときからずっと四年生のB男にいやなことを言われ続けている」という悩みを訴えてきた。しかしB男は「A男が一年生のときにいやなことを言ったのは確かだけど、その後は絶対に言っていない」と主張した。その後、A男は六年生のC男についても同様のことを訴えてきたが、やはり主張がかみ合わなかった。そこで、担任がいやなことを言われたら相手がだれでもいいから報告するように伝えたところ、同級生のD男に「呪いがかかっている」と言われたと訴えてきた。そこで、学級全員に「呪いがかかっている」という言葉を使ったことがあるかを聞き、挙手させたところ、男子の数人が手をあげた。どうやらA男は「呪いがかかっている」と学級内で言われたとき、それを級友が言ったとしないで、かつてそれを言った上級生が言ったことにしたようだった。

（『月刊学校教育相談』二〇〇七年一月号、十八頁より編集部要約）

この事例の子どもは、自分なりに一生懸命、訴えてはいます。けれど、多少脚色をして、自分にとって少し格好のいい形で話しているのです。子どもたちは、いじめられていることを告白するとき、自己防衛本能を働かせて、自分のプライドを守ろうとしながら語ることがあります。つまり、事実をそのまま言っているとは限らないのです。特に小学生で多く見られます。

いじめた相手の名前を直接言うのが怖いという場合もあります。また、あの子にいじめられたと言うのは恥ずかしい、自分のプライドが許さないという場合もあります。

いじめられている子どもの話にもうそがあることがあります。しかし、話にうそがあるからといって、「本当はいじめられていない」とは言えないのです。これがいじめ対応のむずかしいところです。本人と周りの証言が食い違ってしまったときは、あくまでも灰色を灰色として事実を探っていく必要があります。

いじめられた子の話に多少の脚色があるからといって厳しくしかると、完全に心を閉ざして、教師との関係がねじれてしまうこともあります。この点にも注意が必要です。

※1：古田信宏「記述式の調査に『教師集団の確かな目』を加える」『月刊学校教育相談』二〇〇七年一月号、十六〜十九頁。

第3条 第一原則は被害者保護の徹底

いじめ対応の大原則

私は、学校でのいじめ対応を考えるとき、最も重視しなくてはいけないのは、いじめられている子どもを守ること、被害者保護を徹底させることだと思います。

いじめに対応するときは、次の優先順位を忘れないようにしましょう。

①被害者保護
②問題解決
③実態解明

なぜ、いじめはいけないか。いじめられている子どもの心が傷つくからです。人生を放棄せざるをえないほど深く傷つき、自己否定の状態に陥ってしまうからです。いじめの問題はそれほど根深いダメージを子どもたちの心に与えるのです。
いじめ対応で最も重要なのは、いじめられた子どもの心がこういった状態に陥るのを防ぐことです。

いじめ対応の基本は終始一貫して被害者保護、いじめられている子どもを守ることを何よりも優先することを第一原則として徹底すべきだ。これが私の考えです。

いじめられた子どもが相談に来てくれたら、「君のことは絶対に守る。先生にできることは全部やるので安心していいよ」と被害者保護を宣言しましょう。

対応の優先順位を意識する

いじめが起きると、「何があったんだ」「だれがやったんだ」「この責任をだれがどうとるのか」という話になりがちです。しかし、教師や保護者は、警察ではありません。最初に行うことは、実態解明や責任追及ではありません。まずは、いじめられた子どもが少しでも幸福な生活を送れるように守ってあげることが一番重要です。

《被害者保護》
わたし……
そうなの…それはつらいわねえ
カウンセラー
《問題解決》
今日は人権について考えてみよう
人権
ハイ…
《実態解明》
保護者
上司
試合で、レギュラーに選ばれたのが気に入らないと思い、メンバーを巻き込んでいじめをおこなったそうですこの優先順位を誤ると実態解明や責任追及をしている間に、いじめられた子の心が放置され、不登校になったり、場合によっては自殺を試みたりといったことも起こりかねません。

被害者保護の次は問題解決です。ここでは、子どもたちの人権意識の高揚や、いじめの再発防止、加害者の更正や治療、再教育などが考えられます。

実態解明や責任追及はそのあとです。この優先順位を、いじめ対応ではくれぐれも取り違えないようにしてほしいと思います。

いじめられた子どもの心を置き去りにしない

現実には、いじめの対応については、何を優先すべきか、議論が分かれることは確かです。学級全体での指導やいじめた子への個別指導（問題解決）を重視する教師もいます。また、保護者の多くは、原因の所在と、だれがどんな責任を負うのかをはっきりさせること（実態解明と責任追及）を重視します。そして、「学校でうちの子どもがいじめられている。学校では何が起きているんだ。全部、白日のもとにさらせ。いったい、だれが責任を取るんだ！」とせまってきます。けれども学校にもさまざまな事情がありますので、それができないことがあります。事実を隠す学校に対して、保護者がさらに攻撃をして対立関係になってしまうことも決して少なくありません。

けれども、そこで置き去りにされているものがあります。それはいじめられた子どもの心です。いじめられた子どもの心を守る。このことが何よりも重要です。

もちろん、事実の解明が無意味であると言っているわけではありません。わが子がなぜこれほど苦しい目にあったのか、いったい何が起きているのか、事実を知りたいと思うのは保護者としては当然です。また教師としても、事実が明確にならなければ対応策を立てにくいと思うでしょう。

けれども、いじめの事実を明らかにするためのさまざまな情報収集や取組みを行っている最中でも、重要な事実は、いじめられている子どもの心は傷つき、深い自己否定の状態に陥ったままだということです。まず、その子の心を守る。それが何よりも優先されるべきです。

そのことを忘れて、教師や保護者が「いったいだれがいじめたんだ」と大騒ぎをし、犯人探しや責任追及に奔走してしまうと、いじめられている子どもが放置されてしまいます。また犯人探しに奔走している雰囲気を感じ取ったいじめた子たちが、さらにいじめをエスカレートさせていくということにもなりかねません。

また、「あの子はいじめられているんだ」と級友が知ってしまったために、周囲の視線が気になり不登校になってしまう事例も少なくありません。周りの子がこれまでと同じように自分のことを見てくれなくなること、「あいつ、いじめられているんだ。でもあんなことがあったからいじめられたんだぜ」「たしかに、あいつもいじめられても仕方がないよな」とうわさされることを極端に恐れ、不登校になってしまうのです。

これは、教師や保護者の、いじめられた子どもの心を無視した先走った対応が、いじめられた子どもの心を追い詰めたためかもしれません。ただでさえいじめられて、つらい目にあっているのに、さらに学級の中でも受け入れられなくなる。学級に戻れなくなる。そして不登校にならざるをえなくなる。これは二次的な被害です。教師や保護者という、いじめられた子どもを守るべき立場にある人が、実はその子どもの心をさらに傷つけ、二次被害にあわせることも少なくないことを忘れないでほしいのです。

いじめ対応の基本は被害者保護の徹底、いじめられた子どもを守るということです。そのためにふだんの学級経営から、繰り返し、「先生は君たちのことを守る。いじめから絶対に守る。なぜならばいじめは絶対に許せないことだからだ」と伝えてほしいのです。

いじめた子や学級への指導は本人の了解のうえで

私がスクールカウンセラーとして相談を受けていると、いじめられている子どもに「先生に言うと、余計にひどくなりそうだから言わないで」と言われることがあります。子どもたちがいじめを訴えると、教師は当然いじめている相手に指導します。そうすると、「お前、ちくったな」ということで、さらにいじめがエスカレートすることがあります。いじめられた本人が「いじめた子に指導してもいい」と了解していない段階で学級での指導を進めていくことには疑問を感じます。このようなケースでは、最終的には本人が了解してから担任の先生に指導をしていただきます。

本人の了解があったうえで指導することは、学校を休んでいても休んでいなくても基本です。例えばいじめられていても学校にずっと行っている子もたくさんいます。その場合も、いじめた子への指導や学級での指導を行う前に「〇〇はどうだろうか」「このことをもとに学級への指導をしていいか」「いじめた子どもを指導していいか」「親御さんにいじめがあると言っていいか」など、必ずいじめられた子に確認していくべきです。

大事なことは、いじめられた子が立ち直るということです。これが何よりも重要なのに、子どもが意思表示をする前に教師が先走っていろいろやってしまうと、子どもは裏切られた気持ちになってしまいます。

保護者に伝えていいと言っていないのに、保護者に自分がいじめられていることがばれる。学級に指導をしたら、早速いじめっ子から電話がかかってきて「お前、先生にちくっただろう」と言われる。こういったことがあると教師の信用は丸つぶれです。教師に言ったら、すぐ「ちくった」とばれ、指導の効果がないばかりか、いじめっ子からさらにおどされたということになると、二度と教師には言わず、だれにも助けを求めなくなります。

いじめの指導は、慎重に子どもと教師がペースを合わせて行う必要があります。

第４条　家庭といじめ対応のチームを結成する

いじめがある（子どもがいじめられていると感じている）ことがわかったら、被害者保護を第一に対応します。

いじめ対応の校内チームを結成する

いじめの対応は、担任一人で行えるものではありません。まず、いじめ対応のための校内チームを結成し、組織的に対応することが必要です。

担任のほかに、管理職、学年主任、教育相談担当、生徒指導担当の教師はもちろんのこと、きょうだいがいればきょうだいの担任、部活の顧問、いじめられた子どもと仲のいい教師などがチームの一員として考えられます。いじめられた子どもの様子を把握でき、その子を支える人間関係（リソース）をもっている教師をチームに加えるのです。

そして、養護教諭やスクールカウンセラーも含めたなかから、コーディネーター役を決めて支援をしていくのです。多くの場合、生徒指導担当の教師がコーディネーターをつとめるようです。

チーム全員で情報を共有し、方針を決めて一～二週間ほど対応します。この期間は、いじめの状況に応じて変えます。その後、新たな情報をもち合って検討し、同じ対応を続けるのか、方針を修正すべきなのかを話し合っていくのです。

学校主導で家庭とチームをつくる

まず、保護者には、「お母さん（お父さん）、本当に申し訳ありませんでした。お子さんがいじめられていて、私たちもようやく気づきました。何とかしてお子さんを守りたいと思います。何よりも重要なのはお子さんの命と心です。お子さんの命と心を守ることを一番にしましょう」と学校側から宣言します。

このように、学校がイニシアチブをとって対応することで、学校だけでなく、家庭も責任の主体の一つなんだ、学校と家庭は子どもをいじめから守るチームなんだという感覚をつくっていくのです。

大切なことは、学校側から協力を切り出すことです。多くのケースで、学校はできるだけ保護者に口を出させず、「すべて私どもに任せてください」と言うことが多いのですが、いじめは学校だけで解決できる問題ではありません。子どものためを思っている人の力を結集させなければ解決できない、非常に困難で大きな問題なので、チームとして対応するために家庭にも協力を依頼するのです。

対立に陥らない

いじめを保護者が発見した場合、「学校は何をしているんだ」「いじめを何とかしろ」「責任をとれ」と保護者が学校に「怒鳴り込んでくる」ことがあります。そういった怒鳴り込んでくる保護者に接すると、教師が「やっぱりあのお母さん（お父さん）の子どもだからこうなるんだ。親が問題だ」などと偏見をもってしまい、対立してしまうことがあります。

けれども、間違いなく言えるのは、学校と保護者が対立し、やり合っていて、いいことは何一つ起こらない、同じスタート地点に立てないということです。教師と保護者が同じスタート地点に立てないといじめの対応は始まらないのです。

そのためには、やはり「学校と保護者はいじめ解決のパートナー」という感覚が不可欠です。保護者と学校が対立してしまうと、「いじめで傷ついている子どもをどう守るか」という最重要課題が放置されたままになってしまいます。その間にどんどん事態が悪化していき、不登校になったり、自殺したりするということが起こりかねないのです。これほど愚かなことはありません。保護者と対立に陥ることがないよう、十分に留意することが必要です。そのために大切なことは、やはり、学校から保護者に依頼を切り出すことです。こうすることで、学校のいじめ解決への意欲が伝わり、保護者の信頼感が増します。学校が逃げ腰にうつると、保護者は攻撃したくなるものです。

対応の順番を理解してもらう

さきに述べたように、いじめ対応で最初に行うべきことは被害者保護です。いじめが収まっていないのに責任追及を始めると、責任の所在を明らかにすることに時間を取られます。そうすると、被害者を保護する時間が取れません。

とにかく進行中の問題が収まり、被害者（いじめられた子）の心身の安全が確認されるまで、責任追及は待ってもらわないといけないのです。保護者にもいろいろなタイプの方がいますので、かーっとなり、教師や学校を責めたり、責任追及にやっきになるタイプの保護者もいます。保護者に、対応の優先順位について、納得してもらう必要があります。

いじめの対応において、まず行うべきは実態解明や責任追及ではありません。何よりも優先すべきは被害者保護であり、いじめられた子どもの心を守り、その子が安心して学校生活を送れるようにすることであると、教師は保護者に説明して協力を依頼する必要があります。

そして常に、「お父様には、忙しい時間を割いて学校に来てくださってありがとうございます」「いじめ問題にご協力していただいてありがとうございます」という姿勢で接します。学校が対応の進め方についてイニシアチブをとるのです。

学校が何もしない、あるいは何をしているか説明しないでいると、保護者は不安になり、「こっちがイニシアチブをとらなければ学校は何もしてくれない」と感じます。そうすると、かーっとなって責任追及に走ります。学校はいじめへの対応も不十分なまま責任についても調べることになり、大変になります。

「学校が逃げると、保護者は追いかけたくなる」――これが学校－保護者問題の基本です。学校側から積極的に先手を打ったほうが、保護者も安心感をもてるので、関係の悪化を防ぐことができます。

やはり学校から「何とかしてお子さんの心と命を守りたい。ご協力いただけませんか。いじめについては、お子さんを守ることを第一に、このような順で対応していきたいと思っています」とイニシアチブをとることが重要です。学校がイニシアチブをとって家庭にお願いし、対応方法について納得してもらったうえで、保護者にもいじめ解決のチームの一員になってもらうのです。

家庭での子どもの様子を把握する

いじめ対応においては、学校がイニシアチブをとって家庭に協力を求めていくべきだと言いました。「私どもは、お子さんが元気になって、楽しい学校生活を送れるように全力を注ぎます。ご家庭からも協力していただけませんか」と、保護者に協力を求めるのです。一九四頁の書式を渡し、「もしよかったらお気づきになったことを全部書いていただけませんか」と子どもの様子を記録してもらってもいいでしょう。

保護者がこういった記録をつけることを嫌う教師は少なくありません。たしかに、保護者の視点で書かれるので、教師に不利なことを書かれる可能性もあるでしょう。

ですが、真剣にいじめに対応し、解決しようとしたら、具体的な事実に基づいて対策を練る必要があります。しかし、具体的な事実の記録がないまま、話し合いをすると、「言った」「言わない」といったレベルでの言い合いになってしまうことが少なくありません。「そういえば前も泣いていた」「幼稚園のころ○○くんとけんかしたことがある」など、漠然とした印象や記憶に基づく話になってしまいます。そうすると、話の食い違いが起こりやすく、感情的な対立に発展してしまうことも考えられます。

私のカウンセラーとしての経験では、子どもの言動・事実を記録してくるのを歓迎したほうが、保護者との協力関係もつくりやすく、その後の対応もうまく行きます。教師の側から、「いじめが疑われることは確かです。具体的な事実に基づいて、どう動けばいまの問題がなくなるか、一緒に対策を練っていきましょう」「何とかしてこの子を救いたいので一緒に考えていきましょう」と依頼して協力体制をつくる必要があります。その過程では、「何をされたのか」「それに対してどんな対応をしたのか」具体的な事実を記録して資料をつくり、効果の有無も含めて対応を考えていかなければなりません。資料を作るのは非常に労力がいります。わが子のいじめ問題の解決のためならいくらでもエネルギーを使おうと思っている保護者に協力を依頼しない手はありません。

また、話を整理しながら話す習慣がなく、前後関係がわかりにくい話し方をする保護者もいます。そうすると、ちょっとしたニュアンスの読み違いで、誤解が生じます。

母親「あのとき、〇〇ちゃんが、△△をして……」

教師「いや、それはなかったでしょう。……」

こんなちょっとしたやりとりから、突然キレて逆上する保護者もいます。教師は、事実の記憶違いを指摘したかっただけなのに、言葉足らずだと「この教師はわかってくれない」「信じてくれない」と、不信感でいっぱいになるのです。

「言った」「言わない」の言い争いほど、無益なものはありません。記録しておくと、「こう書いてありますね」と確認しながら対応を進めていくことができます。保護者に「いじめ問題解決のチームの一人なんだ」という感覚をもってもらうためにも、記録を取ってもらうのは効果的です。

子どものペースに合わせることを確認する

その次に行うべきは、教師と保護者が、子どもの話をよく聞くことです。子どもの意思を抜きにして、次から次へと対応を求める保護者もいます。

「次、〇〇をやってください」「いじめた子を指導してください」と保護者から要求されるままに教師が指導して、仕返しがひどくなるケースもあります。子どもたちが口をつぐむのはこういう実例を見ているからです。

また、保護者によっては対応が非常に早く、可能性として提示しただけの段階で、「もう転校させます」と、子ども自身にはまだこの学校で頑張りたいという気持ちが残っているにもかかわらず、勝手に転校と決めて準備を進めてしまうこともあります。そうなると子どもには敗北感と挫折感だけが募ります。

いじめ対応のポイントは子どもの心と命です。子どもの幸福です。事態の解決ではありません。警察であれば、どうやって事件を解決に導いていくかという視点で対応すると思いますが、教師、保護者は、あくまでも教育者として子どもたちにかかわっていくのです。「どうすればこの子の心を守ることができるか」「どうすればこの子の健全な学校生活を可能にできるか」という観点からすべてに取り組んでいくべきなのです。それには、子どもの意思を尊重し、子どものペースで取り組んでいくことを重要視することです。

いじめが起きた（あるいは、起きた可能性がある）ときこそ、学校はイニシアチブをとって、家庭に積極的に連絡をしていくべきでしょう。それが早めの問題解決を可能に

山田くんの
家庭内での
様子は?
指導の要望

し、保護者との関係の悪化を防ぐことにもつながるのです。

保護者同士を対決させない

わが子がいじめられていることを保護者が知ったとき、よくあるのが、「相手の親と話をさせろ」という要求や、直接相手の家に電話をかけてしまうことです。これは、多くの場合問題をよりこじれさせ、被害者を傷つけることにつながります。

なぜかというと、いじめた子の保護者が「逆ギレ」するケースが多いのです。「うちの子どもだって傷ついています。何で私だけ一方的に謝らなきゃいけないんですか」と言う保護者が少なくないのです。

いじめられた子の保護者は、これを聞くと当然ながらもっと怒ります。そして、自分の子どもを守り、傷つきを癒す前に、相手の子どもに復讐したい気持ちに駆られてしまいます。そうなると、もう収拾がつかなくなります。こうなる前に、保護者の直接対決したい気持ちをぐっと抑えることです。

最終的には、保護者は相手の子どもに直接制裁を加えることはできないのです。なので、いじめた子どもへの処分や措置は学校に任せていただき、保護者として自分の子どもを守ることに徹してもらったほうが、最終的に、子どもにも保護者にもいい結果に導くことができます。

なお、保護者に任せてもらった以上は、どのような対処をしているのかの経過報告と、指導の結果を伝えることも重要です。そうしないと、任せた判断について自信をもてず、安心もできないのです。

第5条　いじめられた子の心と体を休ませる

いじめられた子が休みたいと訴えたとき

いじめられている子どもの心は、大きなダメージを受けている場合が少なくありません。教師や保護者に打ち明けたものの、疲れ果ててしまって、これまで心にため込んでいたいろいろなつらさが一気にあふれだします。

もう、あんな学校には行けない、しばらく行きたくないというエネルギー切れの状態を呈する子どもも少なくありません。

このとき、被害者保護の観点から考えると、子どもに登校を強制せず、休ませることが重要です。

子どもが休みたいと言うと、「ただでさえいじめにあっているのに、このまま不登校になったらどうしよう」と、狼狽する保護者も少なくありません。「先生、うちの子、学校に行きたくないと言っています、どうしたらいいでしょう。このままでは、休み癖がついて学校に行きたくなくなっちゃうんじゃないかと思って心配なんですけど」と言う保護者もいるかもしれません。

このときに重要なのは、まず教師が保護者とよく話し合うことです。そして、「いじめられているお子さんの心を守ることを協力してやっていきましょう。もちろん、お子さんは悪くありません、悪いのはいじめた子どもたちです。いま、お子さんの心は非常に深く傷ついています。まず、傷ついた状態からお子さんを休ませ、守ることを何よりも優先しましょう」と教師から保護者に訴えかけ、スクラム（被害者保護のスクラム）を組むことが重要です。教師と保護者が強い協力関係を築くことが、子どもを守ることを可能にします。

休んでいる間の連携

まず、情報交換を密にします。学校を休んでいる子どもが、いまどういう状態で過ごしているのかを確認します。例えば保護者から、「一日中、家にこもってしまってずっと泣いています。とても学校には行けないと言って震えています」という話があれば、いじめによる心の傷が甚大であると推測されます。

この場合には、登校を無理に強制することはやめます。数日間、休ませて子どもの心のダメージが回復するのを待ちましょう。

では何日、休ませることを許容するのでしょうか。子どもの年齢によっても違いますが、私の実感では、一週間から十日以上休んでしまうと、その後の欠席の期間が長くなってしまうことがあります。もちろん、いじめ被害の程度、いじめられている子のダメージによっては、もっと長い日数、例えば数か月間の休みが必要になることもありますが、土、日も含めて、めやすとしては一週間（休み始めたのが木曜日であれば次の水曜日まで）休んだ辺りから出てきてもらうほうがいいでしょう。欠席日数は、三日から五日間程度が適切だと思います。

この三日から五日間の間は、子どもの心のダメージ回復にあてます。ゆっくり睡眠をとらせ、泣く必要があれば思い切り泣かせます。何か子どもが食べたいものやしたいことがあれば、できるだけその願望はかなえます。

いじめられた子どもたちの心は、わかりやすくたとえると栄養失調状態になっていいます。心のエネルギーが不足しているのです。その心のエネルギーを少しでも回復させるために必要なのは休養と栄養です。休養をとるときは、学校を休むこと、そしてよく睡

でね、
こーんな
感じっ!!
ハハハハハ…!
キャハハハハ…!

眠をとること、何もしないでいること、これが何よりも大事です。

次に、身体面と精神面の双方に栄養を与えます。まず、体力がつくような食事を与えます。そして、心の栄養になることをします。例えば、子どもが映画を好きなら、好きな映画を借りてきて、保護者と一緒に観ることもいいでしょう。あるいは好きな歌手がいればCDを買って、一緒に音楽を聞くことも大事だと思います。

これらの対応は、家庭の協力がなければ不可能です。教師は保護者と連携をし、どのようなことをどの程度するといいのか、適宜アドバイスをすることが求められます。

なお、いじめられた心のダメージで休んでいる子どもに、「みんなはいま、学校で勉強しているのよ。あなたは学校休んでるんだから、勉強しなさい。勉強が遅れちゃうわよ」とせかすことは絶対にしてはなりません。子どもは、心のダメージを回復するために学校を休んでいるのです。教師も保護者も、あせってしまいがちなのですが、心のダメージを回復し、心の栄養、体の栄養を取り戻すことに専念させるのが何よりも重要です。

子どもの心のペースに合わせる

いじめ被害の度合いにもよりますが、いじめの対応で重要なのは、まずいじめられた子を守ることです。いじめでぼろぼろに傷ついている状態の子どもを、いじめている子どもがいる学校に通わせることは、その子の心の傷を広げることになります。いじめをすぐに解決できない、いじめの指導期間中にいじめられている子どもがまた傷を受ける可能性があると判断したときは、本人が無理に学校に通おうとしても、教師や保護者から子どもを積極的に休ませてもいいと思います。

やはり、重要なのは心のエネルギー回復です。そして、心の状態が回復してきて、「もうそろそろ学校に行く」というときになって、一度家庭を訪ね「まずは君が来る前にあの子たちに少し指導をしておきたいと思うんだけど、どうだろう」と話し合い、その子の了解を得たうえで指導を進めます。

いじめの対応にあたっては、いじめられている子どもの意志とペースを尊重するのが大切です。いじめがあるとわかると、教師は大急ぎで、休んでいる間にも指導をしてしまいたいと思うものです。しかし、いじめの事実を打ち明けた直後は、いじめられている子ども自身が、自分をいじめた相手にどのような指導をしてほしいか考えられる状態ではありません。休ませた初期は、とにかくその子どもが回復するまで、いったん待ちます。その子がいじめの話題をもち出しても大丈夫になるまで少し間を置き、子ども自身と相談をしてから、問題解決に入っていくのです。

休むことへの無理解

ところが、いじめられた子どもが学校を休むことについて、「それはなまけである」という認識を捨てきれない教師や保護者もいます。特に、いじめられている子どもが表面的には生意気で言葉が乱暴な子どもである場合、そう思ってしまいがちです。

最近多いいじめられている子どもの特徴に、表面的にはとても生意気で言葉も乱暴だが、少し深いところではすごく傷ついているということがあります。ですから、表面的に生意気で突っ張っていても、それに惑わされてはいけません。表面的に生意気で突っ張っているから、この子はまだ元気じゃないかと思うかもしれませんが、内面はひどく傷ついている場合が少なくないのです。

表面的なことがらだけで傷つきの度合いを判断せず、深いところで本当に傷ついているんだという訴えを真に受けることが必要です。訴えを真に受けて、一週間程度は学校を休ませ、心の栄養補給を徹底させることが重要です。

第6条　いじめから守るための転校

いじめた相手から引き離す

被害者保護という観点から、もう一つ重要なことは、保護者からの申し出があった場合には転校も考えることです。

もちろん、「いじめられたら転校しなくてはならない」ということではありません。しかし、いじめられている子やその保護者のなかには「この学校に行けないなら不登校になるしかない」と思い込んでいる方が少なくありません。そのような場合には、あくまでもいじめられた子が幸福な学校生活を送るための「一つの選択肢」として「転校してほかの学校に通うという方法もある」と保護者に提案することも必要でしょう。これは、学校教育法施行令でも定められています。

しかし、いじめられている子どもが転校することを、好ましく思わない教師や学校もあります。いくつかの教育委員会では、いじめられている子どもと保護者に「転校という手段もあります」と提案することを止めていたという調査結果もあります。文部科学省から通達があったにもかかわらず、約半数の教育委員会が「貴市（区）教育委員会では、この三つの理由（編集部注：①いじめへの対応、②通学の利便性などの地理的な理由、③部活動等学校独自の活動等、のこと）のいずれかで在学中の児童生徒の保護者から就学校の変更の申立があった場合、それを拒否する場合がありえますか」という質問に、「拒否する場合がありうる」と回答しているのです[※1]。学校にとって、転校への拒否感は非常に強いのです。

しかし、よく考えてみてほしいのです。学校には、いじめた子どもがいます。場合によってはリンチに近いようないじめを行った相手です。学校ではなく普通の社会に置きかえて考えてみると、自分に対して暴力をふるった相手がいる場所に、通い続けることができるでしょうか。例えば夜、歩いているときに突然暴力をふるわれたとして、被害にあったのと同じ場所を、被害時刻と同じ時間に一人で歩く気になれるでしょうか。

いじめもこれと同じです。いじめられた子どもが、いじめた相手のいる学校に通い続けるというのは、大変なことなのです。

いじめにもいろいろな種類がありますが、甚大な心のダメージを与えるような、ひどいいじめを繰り返し受けた子どもに対して、いじめた子どもが通っているのと同じ学校に通えと言うほうが無理があります。そこで、「こういった方法もありますよ」と、教師やスクールカウンセラーから保護者の側に選択肢の一つとして提示するのです。

これを被害者保護という観点で考えると、「自分に甚大なダメージを与えた人間がいる場所から離れる権利を与える」ということです。子どもには、自分が安心して学校に通える権利があります。保護者にはわが子が安心して通える学校を選ぶ権利があります。

もちろん子どもや保護者のなかには、「たとえいじめられていても、うちの子どもはこの学校に通いたいと言っています、私もこの学校に通わせたいです」と言う人もいます。その人に、無理に転校をすすめる必要はありません。

けれども、転校という手段に気づかず、「この学区だからやっぱりこの学区に通うしかない。この学区の学校に行かなかったら不登校にならざるをえない。うちの子はもう通えないから、不登校しか手がないんだ」と思い込んでいる保護者も少なくありません。

相当ひどいいじめ被害を受けていて、いじめた相手と同じ学校に通っている間は、絶対にこの子は立ち直れない、絶えず恐怖におびえ続けながら生きることになるだろうと思えるケースは実際にあります。そういった場合には、たとえ保護者から申し出がなくても、学校から「実は転校という選択も可能なのですが……」と提案する必要があると思います。人権を守るためにも転校という可能性はあるということを、ぜひ子どもや保護者に伝えていただきたいと思います。

なぜ転校を受け入れられないのか

そうはいっても、学校には、転校への抵抗感は強いものがあります。私がある講義で、現職教師に「いじめられた子どもが転校することに賛成ですか、反対ですか」と聞いたところ、反対が七割、賛成三割でした。やはり教師には、転校への抵抗感が強いのです。この抵抗感は、おもに次の二つの考えから来ています。

①自分の学校で起きた問題で、よその学校に迷惑をかけたくない
②自分の学校で起きた問題は、自分の手で解決したい

①は、学校の体裁や体面を守る気持ちから来るものです。けれど、私が見たところ、それが一番の動機ではありません。よく世間では、「学校は体面を取りつくろうばかり

だ」と言いますが、転校を強く拒否する教師で、①の理由で拒否する人はそれほど多くありません。むしろ②の、「うちの学校で起きた問題は私の手で、自分たちの手で何とかしたい」と思う指導に熱心な方のほうが多いのです。

けれども、はっきり申し上げますが、これは教師の業です。自分の力で何とかしたいというのは、教師自身の欲なのです。欲と言っても保身や私利私欲ではなく、責任感に伴う欲です。教師としての責任感があるからこそ、自分の学校で起きたいじめへの対応は、自分の学校でやりたいと思うのです。

しかし、自分の責任をまっとうしたいがために、いじめられている子どもを絶えず恐怖と不安のただなかにおかせ続けることは、非常に罪の重いことではないでしょうか。教師が、教師としての責任をまっとうしたいがために、いじめられている子を登校させ続けると、いじめられている子どもの心をさらに傷つけることにつながるかもしれません。いじめを解決する、という目標のために盲点となりやすいことですが、この点には重々気をつけることが必要だと思います。

転校では解決しないという考え

既に述べましたが、教師のなかにも二〜三割、「いじめられている子どもにも問題がある」と考えている方がいます。そのような方のなかには、問題のある子どもはいじめられても仕方がないと考えている人もいます。実際に私も、次のようなことを現役教師の方から聞いたことがあります。「保護者と話し合って、いじめられている子どもを別の学校に転校させたとしても、あの子に問題があるからどうせまたすぐいじめられるわよ。何の問題解決にもならないわよ」と言うのです。

けれども、そんなことはありません。実際にやってみなくてはわからないのです。私の経験したケースでいうと、転校したら急にバラ色とまではいきませんが、安心して学校に毎日通えるようになる子は、少なからずいました。

不登校の例になりますが、原因がはっきりしており、かつ特定のだれかとうまくいかないという理由の不登校は、転校によって解決される可能性がかなり高いのです。いじめにも、同じことが言えます。このことをぜひ忘れないでほしいと思います。

なお、もし本書を保護者の方が読まれていて、いじめで、できれば転校したいが、教

全くその通りで、
私どもも、できれば
お子さんにいていただきたい
と思っています・・・
なんで
いじめられたうちの子が
転校しなくちゃ
いけないんですかっ
!?
メール
での連絡
クラス
編成
の考慮

師が聞き入れてくれないという場合は、地域のスクールカウンセラーや教育センターに相談するといいと思います。

なぜ被害者が転校するのか

転校に関して、いじめられた子の保護者から「何でうちの子どもが転校しなくちゃいけないんだ。悪いのはむこうじゃないか。何で悪くもないうちの子が転校しなきゃいけないんだ」という訴えをよく聞きます。全くその通りです。本来なら、いじめを繰り返した加害者である子どもたちを、転校させるべきなのです。

けれども残念ながら、それはまだ慣例になっていません。それを可能にする仕組みやルールがつくられていません。私立の中学校・高校ではいじめた子を退学させるケースは決して珍しくありませんが、公立の中学校ではそれができないのです。

よって、加害者の子どもたちは同じ学校にいるのです。保護者の「何でむこうが転校せずに、悪くもないうちの子が転校せざるをえないのか」という嘆きはもっともで、これは非常に不条理なことです。けれども保護者以上に、いじめられた子ども自身が最も強く不条理を感じ、飲み込んでいます。まずはこの子の心を守る必要があります。たまたま運悪くいじめ被害にあった子どもも、安心して学校に通う権利があります。その権利を守り実現することに、教師も保護者も団結して力を注ぐ必要があると思います。

さきに述べた、「うちの学校で起きた問題はうちの学校で何とかしたい」という教師の責任感や世間体、あるいは「何であの子が転校せずにうちの子が転校させられるんだ」という保護者の不条理感や屈辱感、そういった大人の気持ちをおいても、まずはともあれ、いじめられた子どもの心が安定し安心できること、安心した状態で毎日学校に通えるようにさせること、これが一番重要なのです。もし転校でそれが可能なのであれば、ためらわずに転校という方法を提示してほしいと思います。

転校を提示する場合の留意点

いじめられている子どもに転校という選択肢を提示するのは、その子が安心して学校に通えるようにするため、ということを申し上げました。それを踏まえて、次の二つに留意します。

一・子どもの意志とペースを尊重する

転校という選択肢を提示した場合、次のようなケースも少なくありません。教師が提案し、保護者もその意図に納得しているけれど、子ども本人が絶対嫌だと言うのです。

その子の言い分はこうです。「もしも私がここで転校してしまったら、一生あいつらに負けたことになる。一生この屈辱は消えない。あのいじめっ子たちに対して私のほうが価値が低い人間だということを私は認めてしまったことになる。私はそんなの、認めたくない。私は自分を否定したくないから、この学校に残る」というものです。この場合は、子ども本人の気持ちを優先して、転校はとりあえず取り消しにすべきです。

つまり、被害者保護の立場に立つと、優先すべきは被害者自身の気持ちです。いじめられている子ども自身がこの学校に残りたいと言えば、その気持ちを優先し、転校したければその気持ちを優先する。子どもの意志を優先するということが大事です。

そして、意志の尊重と同時に、重要なのが子どものペースを大事にすることです。いじめにあってから一か月、二か月と不登校が続き、そのあとに転校したいという気持ちが起きるかもしれません。けれども、保護者の多くは、「その間、勉強が遅れる」「高校受験に不利になる」ことが気になってしまい、「行けるようになるなら一刻も早く転校させよう」と考えてしまうのです。

しかし、いじめにあった子どものなかには「いまここで転校してしまったら、私のこれまでの中学校生活を否定したことになる。いじめた子どもたちに対して、私はだめだということを認めてしまうことになる。私は自分を否定せざるをえなくなる」という屈辱感でいっぱいになってしまう子もいます。その気持ちを無視して強制的に転校させると、決着がつかないままの気持ちをずっと引きずって、転校や高校進学をした途端に不登校になってしまう可能性もあります。また、自分の気持ちを尊重してくれなかった保護者への不信感が募っているので、親子関係がひどくねじれたり、家庭内暴力という形で表出することも少なくありません。

客観的に見ると、その子にとっては転校することが一番いい解決方法かもしれません。学校でのいじめの状態がひどく、改善がむずかしくて、「この学校に通い続けるのは無理だ」と教師も保護者もスクールカウンセラーが見ても判断できる場合でも、子ども本人が拒否している間は無理に転校させるのは控えるべきです。

また、その子自身の気持ちが変化するペースを重視することも大切です。子どもたちは一人一人心のスピードが違います。二~三日考えただけで、「私、転校する」と、すぱっと決められる子どももいれば、「どうしていいかわからない。まだまだそんな先のことは考えられない」と半年間くらい、悩んでしまう子どももいます。そういった子どもの心のペースを大事にしてほしいと思います。それは何よりも被害者保護、いじめられて傷ついた子どもの気持ちを守るということにつながるのです。

二．誤解を招かないための留意点

いじめられている子どもの保護者は、被害者感情が強くなっていることがよくあります。保護者が転校という手段に気づいていないときに「転校という方法もあります」と提示したとします。しかしそのやり方やタイミングによっては、「こちらから言ってもいないのに、学校からすすめるのは強制的に転校しろという意味か。いじめられて被害を受けているのはうちの子どもなのに、うちの子どもを追い出すのか」「先生はうちの子どもをだめだと思っているんでしょう」などと受け取られてしまうことがあります。

転校について、保護者に提案するときは、誤解を招かないよう、十分に気をつけます。次の二点を必ずつけ加えるといいでしょう。

まず一つは、「私どもも、うちの学校で幸せに過ごしていただくことが、一番の望みなんです。けれども、いまつらい状態にあるお子さんをこれ以上苦しませるわけにはいきませんので……」と、学校としてもこのまま通ってくれることを望んでいると伝えたうえで、「一つの可能性として、転校という方法もあります」と提示します。もちろん、

「もしお子さん自身やご家族の方が望まれればなのですが」と、追い出されたという気持ちを抱かせないようにします。

もう一つ、転校を提示すると、保護者が「いじめられているうちの子に問題があるのでは」と思ってしまうことがあります。そう思った保護者が家庭で子どもを責めてしまうことも考えられるので、十分注意します。そこで「お子さんが悪いのではありません。お子さんには問題はなくて、悪いのはいじめる子どもです。ですので、私どもも本当に心苦しいのですが、まずお子さんのことを守りたいのです」と、いじめられている子どもには非がないことを強調します。転校という選択肢を提示したのは、いじめられている子どもを守り、楽しく学校に行くという権利を守りたいからだということをはっきりと伝えます。

転校は、子どもが幸福に学校生活を送り続けるための一つの方法ですが、気軽に決断できるものではありません。選択肢として提示するときに、誤解を招く可能性は少なくありません。十分注意して伝える必要があります。

なお、言うまでもないことですが、教師に「いじめ事件で学校に来られなくなった子なんか重たい、面倒くさい、厄介だ」「こういう子どもは厄介払いしてしまいたいから転校をすすめよう」「あの子にも問題があるからいじめられるんだ」といった気持ちがあると、言葉に出さなくてもすぐに保護者に伝わってしまいます。そうすると、当然ながら保護者との関係は決裂状態になり、事態は悪化してしまいます。

転校するときの留意点

実際に転校することになると、留意すべきことがいくつかあります。

> ①どんな学校に転校するか
> ②転校後の支援

まず、どこの学校に転校するかです。一番いいのは子どもが「あの学校なら」と自分で選んだ学校です。

最近は塾に通っている子どもが少なくありません。学区が二つぐらい離れていて、同じ塾に通っている友達がいる学校が最適だと思います。隣の学区だと、「どうしてわざわざこっちに」と子どもが学校で不審がられたり、「いじめられた人だ」「こんな子だ」

という情報がすぐに伝わったりして、またいじめにあってしまうことも考えられます。学区が二つ、三つ離れていて距離があり、個人的な事情についての情報が多くは伝わらないが、塾や保育園・幼稚園のときの友達がいる＝いじめられた子どもを支えるリソース（資源）となりうる人間関係があるところがいいと思います。

そのときにはその相手の子どもと同じ学級になれるよう、「うちの子どもはいまいじめにあって傷ついていて、不登校になりやすい状況です。○○ちゃんが幼なじみなので、できれば一緒にしてください」と保護者から転校先に頼みます。また在籍校からも転校先に依頼をするなど、細かな配慮が必要になります。せっかく転校したのにまたすぐに不登校になったりしないよう、適応しやすい学校を選ぶのです。

このときも、子ども自身の気持ちを最優先することが必要です。転校先についても、めやすは二、三学区離れたところですが、「こういう学校だけど、どこがいい」などと本人の意志を尊重して決めることが一番だと思います。

もう一つは、転校後の支援です。たとえ何人か仲のいい友達がいても、転校の直後は転校先の同級生や先生とは、それほど十分な関係が築けていません。そのぶん、元の在籍校でその子を支えていたリソースは、できるだけそのままにしておくよう心がけます。

教師からときどき様子を聞く電話やメールをして、心のきずなを維持していきます。また、子どもには「つらいことがあったらいつでも相談にのるから、いつでもおいで。電話やメールでも、いつでも連絡を取ってね。来づらかったら先生が会いに行くよ」と伝えておき、万全のサポート体制を敷くことが重要です。

また、子どもの心がひどく傷ついている場合など、保護者の実家に避難させることもあります。この場合は、近県とは限りませんし、転校先には子ども同士の知り合いがいない可能性もあります。その場合は、元の在籍校がいつでも相談に応じられるよう、サポート体制を続けることがいっそう必要になります。実家に避難する場合は、おじいちゃん・おばあちゃんなど、いじめられた子どもに若干でも心の支えになる人間関係が多く、それが心を回復し再出発するのに役立つことが多いようです。

いじめられて、私学をやめて公立に移る場合もあります。この場合、子どもたちの心はいじめ以外のことでも深く傷ついています。むずかしい試験に受かって私学にせっかく合格したにもかかわらず、公立に行かざるをえなくなってしまったという屈辱感があるのです。よって、その点へのフォローも必要です。何度も繰り返し「あなたは悪くないんだ、あなたならきっとやれる。先生もお母さんも信じている」というポジティブなメッセージを与えていくこと、そして、「つらいことがあったらいつでも言うんだよ」とサポートし続けていくことが重要だと思います。

※1：内閣府・規制改革会議「教育に関するアンケート（教育委員会・学校法人アンケート）」二〇〇六年。

第７条　いじめにかかわる両者を引き離す

いじめた子どもといじめられた子どもは一緒に過ごせない

私が考えるいじめ対応の基本原則は被害者保護、すなわちいじめられた子どもを守ることです。いじめられた子どもが、少しでも元の安全な生活に戻れることです。この考え方から言うと、いじめた子どもといじめられた子どもが、再接触せざるをえないような状態を食い止めることが何よりも大事なのです。

しかし、なかにはこんなふうにおっしゃる方もおられるかもしれません。

「いじめた子どももきっと更正するだろう。いじめた子どもも、いろいろなつらさを抱えているんだから、そのつらさが癒されればもっと前向きになって、いじめられた子どもと仲直りをして万々歳になるだろう」

万事うまくいくバラ色のような解決を望み、そのように解決することをイメージしている方も少なくないかもしれません。

けれども万事、バラ色のようないじめの解決は、まず考えないほうがいいでしょう。まず不可能で、めったにないことです。もちろん可能であればそれに越したことはないですが、現実には非常にむずかしいのです。

子ども同士のちょっとしたけんかや、仲たがい、あるいは軽い仲間はずしぐらいなら、まだその可能性もあると思います。けれども、繰り返し行われる深刻ないじめ被害を受けている場合、この心の傷は強烈です。子どもの傷つきは生半可なものではありません。その子どもにとっては、どんなに「仲直りをしよう」「私はもうやらない」と言われても、相手への恐怖心が消えるはずがないのです。

鈍感な教師であれば、「Aちゃん、何、あんたはいつまでそんなにこだわっているの。B君はもう、やらないと言っているでしょう」と言ったり、「もう許してあげてきちんと仲直りをしなさい」と言ったりするかもしれません。しかし、それはものすごく鈍感な行為であると言わざるをえません。

徹底的にいじめられ続け、リンチに近いようないじめを受けた子どもが、自分に暴力を振るってきた相手と仲直りをする、一緒に過ごすというのは、たとえるならレイプ被害にあって、レイプした相手と毎日、同じ職場に通うようなものです。レイプした相手が同じアパートやマンションに住んでいるとわかっていて、そこに暮らし続ける気がするでしょうか。それと同じことです。それほどひどい心のダメージを受けているのですから、この両者を徹底的に引き離すということが重要になってくるのです。

「加害者の強制転校」の必要性

さきに、被害者の転校という方法について述べました。しかし私は、一定レベルのいじめ、すなわち、いじめられた子どもの心の傷がひどくて、その子と顔を合わせるとひどくおびえてしまう（トラウマの後遺症がみられる）ようなケースにおいては、いじめた子を転校させるのが本筋だと思います。

いじめられた子どもは被害者です。多くの保護者が「なぜ被害者であるいじめられた子が、よその学校に転校して、いじめた加害者の子は何事もなくその学校に居続けるのか。おかしいじゃないか。不条理だ」と言います。本当にもっともなことです。本来はいじめた子どもが別の学校に転校せざるをえなくなる、あるいはその学校への出入りを一切、禁止するという対応が理にかなっていると思います。

これを実際に行っているのが、一部の私学です。その対応には、なるほど、さすがだなと思わされるようなものがあります。

これは、私の主催する研究会で発表されたある私立中学の事例です。その学校で深刻ないじめが起こりました。守秘義務のために詳しくは書けませんが、ある子どもへの誹謗中傷を学校の壁に書いたり、持ち物に刃物を入れたりというういじめが起き、被害者が不登校になりかけたのです。

私学では、子どもは重要なお客様です。子ども同士が一緒にいられないほど深刻な事態になっているときには、「悪くない子は去る必要がない。悪いことをした子が去るべきだ」という、当たり前のことを徹底したのです。そのために、だれがいじめているかを詳しく調べ、現場を教師が目撃しました。そして、目撃したその日の放課後に、いじめた子と保護者を呼んで、その場で退学させ、今後一切どんな理由があろうと学校への出入りを禁じました。

学級の子どもたちは、なぜその子が突然、学校からいなくなったのか、だれも理由を知りません。うっかり「〇〇さんはいじめをしていたから」などと知らせると、被害者が「いじめられていた子」というレッテルを貼られ、それを気にして不登校になってしまう可能性があるので、一切ふれないのです。徹底して被害者保護が実行されているのです。いじめられた子も、同級生に言いふらしたりしないので、だれも知らないうちに物事が進行していったのです。あまりにも静かに物事が進行しているので、私はある種の驚きを禁じえませんでした。被害者保護という点から見ると、見事な対応だと言わざるをえません。いじめの責任を考えると、私はこれが本道だろうと思います。ですが、現在のところ、公立ではむずかしいのです。

公立でもいじめた生徒を転校させた例がないわけではありません。

公立校いじめ加害生徒に転校勧める

県内の公立高校で昨年、複数の同級生にいじめをしたとされる一年生の男子生徒六人を別の高校に転校させていたことが一日、分かった。学校側は、被害生徒のことを第一に考えた上、加害生徒の将来にも配慮し、六人に転校を勧めたとしている。

県教委や校長の説明によると、学校側は昨年十月、アンケートなどを通じていじめを把握。一年の男子生徒六人が同じクラスの複数の男子生徒に対し、精神的、肉体的ないじめを繰り返していたという。学校は加害生徒を自宅待機にし、対応を協議。加害生徒六人や保護者に転校を勧めた。六人は被害生徒らに謝罪するなどし、全員が同年十二月までに、いくつかの高校に転校した。
高校の校長は「加害生徒と被害生徒を三年間、同じクラスに置くわけにいかない。苦渋の判断だった」と話している。学校側はいじめを把握した後、県教委にも報告、相談した。県教委は「転校はやむを得ず、適切な対応だった」としている。

（二〇〇七年三月二日付、東京新聞）

これは群馬県の公立高校の例です。私もこれは非常に適切だったと思います。被害者を守り、再接触させない方法は、本来は退学なのだと思いますが、義務教育には退学はありません。退学が不可能ならば転校だと思います。その学校にいられなくなる、その学校への出入りは一切禁止、ということで被害者保護を徹底させるのです。

何の罪もない子がいじめられて、学校に来られなくなるのはやっぱりおかしい。いじめられた子を守ることを何よりも重視すべきです。転校というハンディを負うべきはいじめられた子ではなく、いじめた子です。この当たり前のことをもう一度考え直してほしいと思います。

出席停止についての考え方

強制的に転校させることが無理な場合、私が苦肉の策として容認したいと思うのが、教育再生会議でも提言されている出席停止です。私は、出席停止は必ずしも望ましくはないし、乱用すべきものではないと思っています。ですが、最後の手段として、「出席停止」という切り札をもっておくべきだし、制度として確立しておくべきだと思います。

しかし、現実には、出席停止にはさまざま批判があり、拒否されることも多くあります。なぜ拒否されるのかを考えてみます。

一．教育現場の拒否感

出席停止について、大学院に通っている現役教師数十名に賛否を聞いたところ、三対二で反対が多くなりました。しかも反対だった方に言わせると、「四割も賛成という先生がいたのが驚きだ」とのことでした。そのくらい、教師のなかには出席停止に対する拒否感が強いのです。

教育委員会でも同様に拒否感が強いことを示すこのようなエピソードもあります。ある学校の教師がいじめについて、出席停止もやむをえないと判断し、いじめた子どもを自宅待機とし、必要な手続きをとって書類も書きました。けれども、教育委員会に届けたところ、突き返され、なかったことにしようと言われたというのです。そのくらい、出席停止というのは学校や教育委員会にとってタブーで、一応制度としてはあるけれども活用してはいけない、活用したら大問題であると考えられているのです。

二．心情になじまないという意見

私が話を聞いたある教師は、「出席停止の評判が悪いのは、日本人の心情に合わないからだ」と言います。「だめなものはだめ、本人に責任を負わせる」というのではなく、「全体で物事の責任をとっていこう」とよりマイルドに問題を解消していくのが日本的なやり方で、個人が責任をとる出席停止は、日本人の心情に合わないというのです。

しかし、私はこれらの意見には賛成できません。一人の子どもが非常に大きな心の傷を負ったのです。もしかしたら将来自殺するかもしれないほど大きな問題が生じたのです。そのときに、いじめられた子どもを守る、被害者保護という観点を徹底させるために役に立つのであれば、出席停止もやむなし、いつでも使える状態にしておいてほしいと思うのです。

出席停止の効果に対する疑問

出席停止については、次のような意見もあります。

「出席停止で問題解決するとは思えない。出席停止という罰則に近いことをしたら、いじめた子が傷つくだけじゃないか。問題解決とは思えない」

「出席停止にされたことを逆恨みして、余計にいじめが激しくなるんじゃないか」

「出席停止と言っても、数日間家にいるということは、その間遊んでいるだけなのだから反省もしないし、学校に戻ってもいじめがひどくなるだけだ」

しかし、これらは、出席停止が具体的にどのような形でとり行われるのかにかかってくる問題です。

出席停止といっても、教室に行かないだけではありません。出席停止をしながら教師はいろいろな方法でケアし、教育的な指導をしていくのです。

ささに述べた大学院の質問では、出席停止に「賛成」と答えた方の多くは高校の教師でした。高校には停学があります。停学（謹慎処分）にしている子どもたちに何のケアも指導もしないのかといえば、そんなことはありません。何度も子どもの家に通って、一緒に作文を書いたり、カウンセリングをしたりといろいろな手を尽くして、子どもの心が癒され、前向きになっていく手助けをするのです。

文部科学省が配布した『いじめ問題に関する取組事例集』にも、いじめた七名の生徒を出席停止にしたうえで、個別プログラムによる指導、特別時間割を組み、生徒を三グループに分け、全職員体制で別室での個別指導・個別の学習指導・体験活動を中心にした特別プログラムの実施をした中学校の実践が収録されています[※1]。高校の教師は、経験上こうした取組みの効果をよく知っているので、出席停止にも比較的肯定的なのです。単に教室に行かせないようにするのではなく、出席停止はさまざまな教育的行為とケア（カウンセリング）がセットになった指導の一環です。「指導としての出席停止」なんだということを忘れないでほしいと思います。

出席停止はどのように行うべきか

私が出席停止に賛成するのは被害者保護のためです。そして、さらに出席停止を認めるには二つの条件があります。

①加害者を出席停止にすることで、少しでも被害者の心が守られる
②加害者に対する指導・ケアを行って、立ち直る援助をする

一つ目は、被害者保護の観点です。いじめられた子が出席停止による逆恨みを考え、余計におびえるようなら出席停止にすべきではありません。被害を受けた、いじめられた子どもたちの心を守るために有効だと判断された限りで出席停止を認めるべきです。いじめている子が学校にいると、いじめられた子どもがおびえて学校に来られなくなります。これを解決するための出席停止なのです。出席停止の目的は出席停止になるいじめた子どものためではなく、あくまで被害者保護、いじめられた子どものためなのです。被害者の子どもがいじめで傷ついてしまっている。出席停止についても、この子の気持ちを優先すべきなのです。

二つ目は、加害者の立ち直りです。教室に行かせないだけでなく、その子の心のケア（カウンセリング）、指導（作文を書かせるなど）、内観法など、いろいろなことをして子どもの心の改善に努めていくべきです。「放ったらかしや、突き放しや、教育の放棄

ではない」ことを前提に——つまりその子が新たに生まれ変わるために必要な、一つの通過儀礼（イニシエーション）として——出席停止を認め、行うべきだと考えます。

出席停止さえもなく、いじめていても何の指導も罰則もなしにずっと学級にいられる、義務教育だから仕方がない、という考えは、あまりにもなし崩し的だと思います。現在、この制度はまだ試行的段階にあるものですから、当面は、学校が申し出ても、教育委員会がそれを拒否するようなこともあると思います。しかし、いずれ慣例として行われるようになれば、学校が必要と認めれば許可されるようになるのではないでしょうか。

ただし、出席停止を行う場合、「ただ学校に来させない」という対応しかできないのであれば、出席停止から戻ってきたときにいじめが激しくなるのはだれの目にも明らかです。また、出席停止は退学・停学のような罰則ではなく、内申書に響かないことがほとんどです。これを理由に、加害者が反省しないことも考えられます。そのような場合には、出席停止が意味をもつとは思えません。

むしろ本当にいじめられた子を守る、いじめ被害の子どもを保護するという被害者保護の観点を徹底させるならば、行うべきは出席停止ではなくて転校だと思います。重要なことは「いじめの被害者と加害者を切り離す」ことによって「被害者を保護する」こ

《個別指導》
《ボランティア活動》
ど、ども…
うまいねぇー
いいあんばいだ…
モミモミ

となのです。

出席停止で指導する場合の留意点

一．別室指導

文部科学省が紹介した事例にもあるように、出席停止期間中に別室登校をさせ、指導を行うことがあります。家庭で謹慎させると指導が行き届かなくなることもありますので、加害者の立ち直りのためには効果的だと思います。

このときに注意してほしいと思うのは、同様に別室指導を行っている不登校などの子どもがいる場合、同じ別室指導だからと一緒にしないでほしいということです。常識的に考えてありえないと思われるかもしれませんが、ごく最近まで、地域の適応指導教室に、非行を行った子どもと不登校の子どもの両方を同じ部屋で指導していたという、配慮に欠けた例が実際にありました。このようなことは絶対に慎んでいただきたいと思います。

二．自己肯定感を育てる体験活動

厳密には罰則でないとはいえ、出席停止になった子どもたちは、自己否定感を感じ、

「どうせ俺はいじめたやつだ。ろくな人間じゃない」「どうせろくな人生が待ってない」などと、すさんだ気持ちになりがちです。この強い自己否定感をもち続けると、さらなるいじめを行ったり、非行に走ったりすることも考えられます。

こうした子どもたちには、「自分が必要とされている」「自分にも人のためにできることがある」という自己有用感・自己肯定感を育てるような取組みが必要です。

例えば、老人ホームを訪問して入所者のお世話をするとか、保育園に行って子どもたちの世話をするといった、ボランティア活動を取り入れます。「こんな私でも喜んでくれる人がいる」「こんな私でも必要としてくれる子どもたちがいる」。こういった体験を重ねると、自分という存在には意味があると実感できることがあります。意味ある存在、人の役に立てる存在として自分のことを認められるようになるのです。

また、着実に形が見えるということで言えば、木工などの創作活動を行うのも、子どもたちの心を癒していくうえで、大きな効果があると思います。

三．責任をとることを覚える

ここまで述べてきたように、出席停止は単なる罰則ではありません。ゼロトレランス（不寛容）で問答無用、子どもに責任をとらせるというだけのことではないのです。

ですが、私のこれまでのカウンセリングの経験から言うと、できるだけ大人扱いをされた子どものほうが人間として早く成長します。つまり、悪いことをしたら自業自得、自分のまいた種は自分で刈る、自分が行った卑劣な行為の責任は自分でとらせたほうが、教育効果があるのです。「いじめという社会のルールに反する行為をした以上、何らかの責任が伴う」という体験をすることは、その子の成長を考えるうえで、非常に重要だと思います。

四．加害者の心のケアも行う

出席停止の間は、いじめた子どもの話を聴く機会が増えます。いじめに走る子どもたちもストレスや心の傷、場合によっては家庭で虐待を受けていたり、ほかの子どもからいじめられていたりなど、さまざまな問題を抱えています。いじめている子どもたちの心のケアや治療的な行為も、非常に重要になってきます。スクールカウンセラーとの連携も必要です。

被害者側に精神的な背景がある場合

まれに、いじめられている子どもが病的な背景を抱えていて、非常に被害者感情が強い場合もあります。例えば、ＡＤＨＤなど発達障害を抱える子どもたちがいじめのターゲットにされ、圧倒的な被害者感情に支配されている場合があります。このような場合には、加害者の子どもを出席停止にする以前に、この子自身が安心して過ごすことができる場所を用意することが必要になります。

また、統合失調症など、いじめられた子どもに病理現象がみられる場合もあります。そのような場合には十分な見極めが必要です。そのときは、まずスクールカウンセラーに相談してみてください。

※１：「出席停止と個別指導プログラムによりいじめ加害者の立ち直りを図った事例（中学校）」文部科学省『いじめ問題に関する取組事例集』二〇〇七年、八二〜八三頁。

第3章

いじめのない学級・学校をつくる

―予防・開発的対応の6か条―

第8条　学校風土を変える―「正義の共同体」としての学校づくり―

いじめの構造を考える

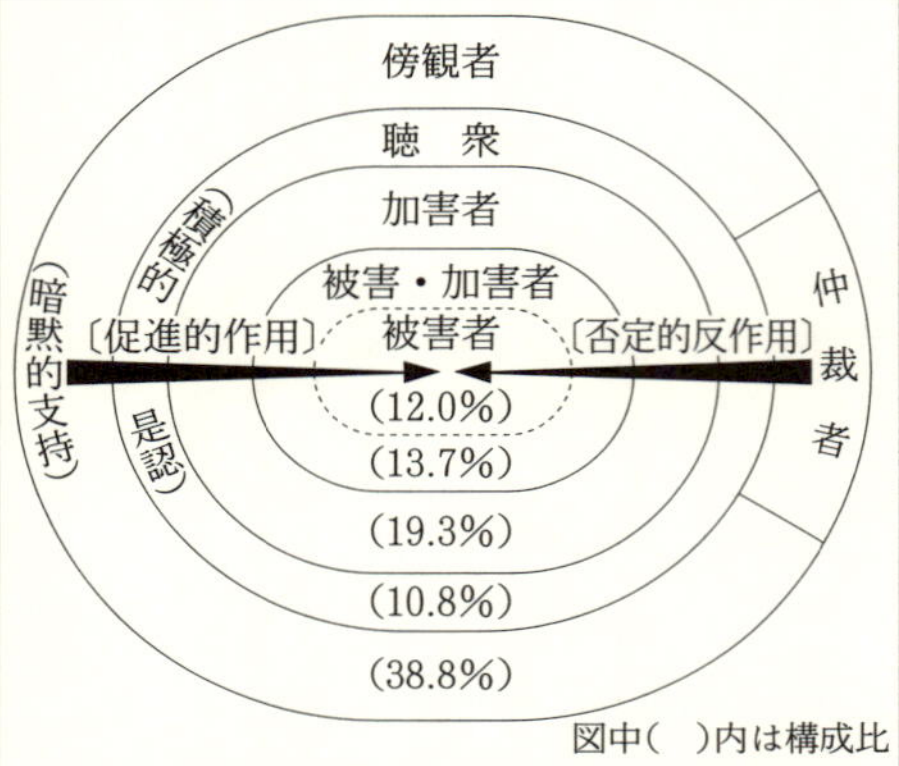

いじめの四層構造（森田・清永，1994）

いじめをめぐる人間関係については、上図のように被害者・加害者・観衆・傍観者の四層構造があります※1。

重要なことは、いじめは被害者（いじめられっ子）と加害者（いじめっ子）だけの関係で成り立っているものではなくて、観衆や傍観者がいるからこそ成り立っているのです。

この四層構造を踏まえて、いじめ問題では、約四割を占め、四層のなかの圧倒的な多数である、傍観者にアプローチするのです。傍観者を変えなくては、いじめ問題の解決にはなりません。傍観者を、いじめ問題解決の主体に育てていく必要があるのです。

コールバーグの理論に学ぶ

つまり、私たちがめざすべきは、「いじめの傍観者になりがちな学校の過半数の子どもたちがいじめをなくそうと正義感をもって活動し、ほかの子どもにも働きかけていく共同体」、すなわち、「正義の共同体」をつくっていくことです。「正義の共同体＝ジャストコミュニティ（Just Community）」はアメリカの発達心理学者、ローレンス・コールバーグが考案したものです。

コールバーグは、道徳性の発達段階ということを提唱し、モラルジレンマ授業という方法を行った人です。

モラルジレンマ授業の概要を簡単に説明します。

コールバーグによると、子どもたち一人一人には、各々認知的な道徳性の発達段階があります。そこで、道徳問題についての判断が、少し高度な基準でできる子どもと、少し基準が低い子どもを一緒に議論をさせます。すると、低い段階にいた子どもの道徳性の認知発達が促進されていくのです。ピアジェの発達心理学の成果などに基づき、ジョン・ロールズの正義の哲学の要素などを加味しながらつくったものです。コールバーグは、道徳性の発達段階を向上させるためのモラルディスカッションを行っていたのです。

一番有名な素材は、ハインツのジレンマというものです。ハインツという男性の妻が不治の病にかかっています。その病を治すためには非常に高価な薬が必要ですが、ある薬局にしか置いていません。さて、ハインツは妻の命を救うためにこの薬を盗みに入るべきか、入るべきではないか。これを考えさせ、その理由について話し合わせるのです。

ここで重要なことは入るべきであるか、入るべきでないかの結論は問題ではないことです。むしろここで、大人でも判断に迷うような事例を提供して、それについてどんなレベルで判断を行うかを査定し、ディスカッションによって判断の基準、認知的な発達段階を上げていくのがコールバーグの基本的な考え方です。

しかし、コールバーグは人生の後半においては、道徳的問題についてのこのような、話し合いではなく、学校全体を道徳的な風土、つまり正義の感覚に満ちあふれた学校にしていくことを非常に重視し始めました。学校全体での取組みや話し合いを重視し、学校全体の風土に、正義の感覚が満ちあふれることを重視したのです。

私はいじめの問題への対応の根本は、これに尽きると考えています。いじめが本当にない学校をつくるには、「ジャストコミュニティ＝正義の感覚に貫かれた学校」をつくること、このこと以上に有効な方法は考えられないのです。

いじめの問題は、基本的には「○○ができない」というスキル不足で引き起こされるものでも、子どもたち同士の人間関係ができないから起きるものでもありません。人間関係がつくられていても、つくられた人間関係のなかで「何か楽しいことをやっちゃおうよ」という快楽主義的な雰囲気、退屈しのぎの気持ちが起きるなかで発生するのです。

これは、学校・学年の風土に関係します。赴任した学校によって、この学校はいじめは起きやすい学校だ、この学校はいじめが起きにくい学校だと感じることがあると思います。また学校だけではなく、「今年の学年はすごくざわついていて、もめ事がよく起きる」「今回の学級は落ち着きがある」と感じることがあると思います。学校や学年の風土が快楽主義に支配されてくると、いじめが起きやすい状況が生まれてきます。

人をいじめることで手に入る快感は強烈です。これに対抗できるのは、いじめの快楽に勝る強い正義の感覚のみです。いじめは楽しいという感覚（いじめの快楽）に勝る強い正義の感覚を、学校全体に満ちあふれさせるしかないのです。正義の感覚に貫かれた学校づくりを目標にして、学校全体での取組みを行っていくのです。

まず最初に、教師がアピールをして、子どもたちが「正義の共同体」に自分から入っていくように誘いかけることです。子どもたちがこのコミュニティに自主的に参加し、正義の感覚に満ちあふれる学校をつくっていくことが重要です。

学校を正義の共同体にしていくためには

教師集団から、「いじめのない、正義の学校をつくろう」と子どもたちにアピールすることから、正義の共同体づくりは始まります。学校全体に正義の感覚をはぐくんでいくための実践はいくつかありますが、なかでも秀逸なのが、文部科学省の『いじめ問題に関する取組事例集』や、弁護士の中嶋博行の著書『君を守りたい』※2でも紹介されている、茨城県筑西市立下館中学校の「君を守り隊」の活動です。

「君を守り隊」は、十年ほど前に、教師の呼びかけに応じる形で、生徒会が中心となって発足しました。いまでは、全校生徒の過半数が加入して運営されていると言います。

この取組みでは、生徒は教師からの誘いかけに応じて、保護者の同意を得たうえで、自発的に入隊届けを出します。「いじめをしない、させない、許さない、そして君を守りたい」というスローガンのもと活動している「君を守り隊」に、あくまで生徒自身の意志で加入するのです。スローガンがあり、どう活動すべきがはっきりわかっている組織に自分の意志で入隊すること自体、強い正義の感覚を養います。そして、チームをつくって、休み時間や放課後に、いじめのパトロール、事情聴取、いじめられている子の相談にのるといった活動を展開していくのです。

この活動から学校の風土そのものを変え、「いじめのない学校」を実現させたのです。「いじめなんてはずかしいこと」という雰囲気が、学校全体を包んでいったのでしょう。

学校風土を正義の感覚に満ちたものに変える取組みは、「君を守り隊」だけではありません。千葉県市川市立南行徳中学校では、オレンジ色のリボンを制服に付けて「いじめをしない、させない」と意思表示するキャンペーンを行っています。いまでは、全校生徒の半数以上がリボンを付けるようになり、いじめを許さない雰囲気が出てきたと言います。それに刺激されたのか、同市の妙典中学校でも同様の取組みを行っています。

こうした取組みは、一度行ってもその効果が半永久的に持続するものではありません。マンネリ化を防ぐために、絶えず新たな取組みを試みる必要があるでしょう。

いじめに関しては、いろいろな取組みが行われていますが、根本的な方法は、「正しいことを正しいと言える、正義の感覚に満ちあふれた学校づくり」です。「いじめに対応するんだ」という感覚ではなく、「正しいことを正しい」「正しいことは素晴らしい」と、人の目を気にせず、はっきりと口にできる学校風土、正義の感覚に満ちあふれた学校共同体をつくっていく。いじめ克服は、これができるかにかかっていると思います。

正義の感覚に満ちあふれた学校共同体がつくれなければ、構成的グループエンカウンター、ピアサポートなどを用いて心理学的な取組みを行っても、ちょっとした状況の変化でいじめが起こってしまいます。学校全体の風土を変えるという根本を抜きにして、細かな対応を行っても意味がないと思います。

繰り返しますが、いじめ対応の基本は、正しいことを正しいと言える正義の共同体づくりです。そのために必要なのは、正義の感覚に満ちたコミュニティづくりなのです。

学級単位でコミュニティづくりをする

「正義の感覚に満ちあふれた共同体」づくりは、やはり学校全体で取り組むのが一番です。しかし、学校全体での方向づけは、教師一人ではなかなかむずかしいので、「まずは自分の学級でできることから」と思われる方も少なくないと思います。そこでおす

いじめる子がいたら「やめて」という
いじめてる子がいたら「やめなさい」と注意する
イライラしてケンカしそうになったら数をかぞえる
いじめはいけないよな
うん うん
だから

すめなのが、アドラー心理学に基づく学級経営方法である、「クラス会議」です※3。

毎朝、短い時間のクラス会議を行い、学級の問題を自分たちで考えさせ、自分たちで解決策を探させていきます。こうすることで、子どもたちに「お互いを大切にする雰囲気（相互尊敬）」「いいところを見つけること（勇気づける）」「困ったことや悩みはクラスみんなで助け合うこと（共同体感覚）」を繰り返し体験させ、学級のなかに子ども同士のコミュニティをつくりあげるのです※4。

学級担任が、正義の感覚に満ちた学級づくりを始めるために、最初になすべきことは、まず「先生は、いじめは絶対に許さない。正しいことを正しいと言える学級をつくっていきたいんだ」と宣言をし、次に「君たちもぜひ協力してほしい。君たち一人一人の力が必要なのだ」と、協力を依頼することです。一方的に押しつけるのではなく、まず教師がビジョンを打ち出し、その実現に協力を求めるのです。第一段階は子どもたちの話し合いのもと、「みんなで正義の感覚に満ちあふれた学級をつくろう」と同意をつくっていきます。

そのうえでクラス会議を行います。正義の感覚に基づいて、何がいまの学級に必要で、何がよくないかということを、子どもたちに自主的に考えさせるのです。

ふれあいとルールのある学級づくりのために

ところで、河村茂雄がＱＵテストによる十年間の調査結果をまとめたところ、「ルールが守られ、安心してふれあえる学級」（学級満足群の多い学級）は、ルールには厳しいがふれあいの欠けている「管理型の学級」や、ルールが確立せず教師と子どもがなれ合っている「なれあい型の学級」に比べ、いじめの発生度が低いということです※5。

特に最近は、ルールの確立していない「なれあい型の学級」が増えており、学級のなかがざわつき、子どもたち同士が衝突することから、いじめが多発しているようです。たしかに、ルールのない学級では子どもたちは安心して過ごせないので、ストレスがたまり、いじめも多くなります。

ふれあいづくりに有効な方法には、構成的グループエンカウンターやピアサポートといった心理学の手法を用いたグループアプローチがあります。

むしろむずかしいのは、ルールの確立でしょう。ざわついている学級で「ルールを守らないか！」と怒鳴っても、さらに子どもたちの反発を買うか、無視されて荒れ続けるかのどちらかです。

自分がされたら嫌なこと

（宮代多壽子・作成）

	質問	チェック
①	体のことで悪口を言われる。	
②	自分が飲んだ水道は、使われない。	
③	通りがかりに軽くけるなど、いつもちょっかいを出す子がいる。	
④	ものを隠されることが何回かある。だれがやっているかわからない。	
⑤	みんなから、一日無視された。	
⑥	自分の机は、掃除のときに運んでもらえない。	
⑦	体を触らないように避けられる。	
⑧	特定の子に、けったりぶったり暴力を受ける。	
⑨	おにごっこのとき、つかまえてもらえない。	
⑩	遊びに入れてもらえない。	
⑪	こそこそ話を自分の方を見て言う。	
⑫	特定の子に「死ね」「うざい」「消えろ」と言われる。	
⑬	ほかの子のしている交換ノートに悪口を書かれた。	

私は、アドラー心理学のクラス会議は、ここでも有効だと思います。子どもたち同士の話し合いを毎日、一定の枠のなかで行うことで、教師の押しつけによらずに、学級のルールを確立させることができるからです。

より簡便な方法は、「自分がされたら嫌なこと」のアンケート（一三二頁参照）を最初にとることです。このなかから、多くの子が選んだものを、学級のルールとして設定するのです。多くの場合「体のことで悪口を言われる」「暴力を受ける」などに意見が集中するようです。そのときに、この学級の最重要ルールとして「暴力や体の悪口は絶対言わない」を採用するのです。

子どもたちが本当に納得し、自分たちで、選んだルールを確立することがいじめのない学級づくりには不可欠です。ただ、あまりにもヒステリックにルールを守るようになると、それに少しでも違反した子が、教育的動機によるいじめのターゲットとなる危険が生じますので、注意が必要です。

学年の教師集団によるいじめのロールプレイ

いじめは、どんな学級でも起こりえます。小学校低学年のときにいじめられていた子が、クラスがえをしても高学年になってもいじめられ、中学校に進学しても依然としていじめのターゲットになり続けていることもよくあります。

こうなると、学級単位の指導より、学年全体での指導のほうが理にかなっています。また、いじめという人間の残酷さにかかわる本質的な問題に関しては、まず「いじめはひどいことで絶対にしてはいけない」ということを伝えます。最初に「いじめは本当にひどいことなんだ」と肌で感じさせず、いじめの快楽の感覚を残していじめについて考えさせてはいけないのです。いじめに関する討論がほかの討論と違うのは、いじめは暴力問題であり、犯罪行為であり、人権問題であるので、許してはいけないということです。最初から結論は決まっており「君はそう思うんだね。私はこう思うけど」という相対論的な、自由な議論を許してはいけない話題なのです。にもかかわらず「君はいじめられている子にも悪いところはあると思うか」「なぜ○○さんはいじめられるのか」と学級で話し合ってしまう事例もあります。それが一番のいじめだと私は思います。

最初に話し合いを行わせず、「いじめはひどいんだ」ということをまず伝え、それでいじめの問題を本気で考えさせるのです。そのためには、教師全員が力を合わせて、子どもに実感させないといけません。教師集団が団結して、「私たちは本気で取り組んでいるんだ」という断固たる姿勢を子どもたちに示すことがどうしても必要です。

池島徳大は、次のように学年の教師六人全員でのいじめのロールプレイによる指導を行い、その成果を報告しています※6。

A先生は、学級のボス的な存在で、いじめの中心になる子の役。

B先生は、ボスといっしょにいじめてしまう子の役。

C先生は、転校生で周りに合わせるタイプの子の役。

D先生は、おとなしくて自己主張できないタイプの子の役。

E先生は、いじめられっ子の役。

以上のような配役のうえ、池島がファシリテーター（促進者）をつとめる形で、五年生の子どもたち二百数十名を体育館に集め、その前で、学年教師集団によるロールプレイを行ったのです。

場面は、登校中水たまりに落ちて服を汚し、からかわれる場面と、それを理由に教室でもからかわれる場面の二つです。

次のような手順ですすめられています。

①五人の教師で二つの場面を演じたあと、②一人一人の教師に、それぞれの場面でど

のように感じたかをインタビューします。いじめられっ子役には「転んでからかわれたとき、どんな気持ちがしたか」「本当はどんな言葉をかけてほしかったか」、いじめっ子の二人には「からかっているとき、どんな気持ちがしたか」、残りの二人には「教室で話を聞いたとき、どんな気持ちがしたか」などをたずね、それぞれの役を演じた教師は正直に自分の気持ちを話します。

この実践では、教師が本気になって演じ、一方的な理念を振りかざすのではなく、子どもの立場になって感じたことを正直に語っています。いじめっ子役のA先生は、「おもしろかった。悪いことをしたとは思わない」など、本気で役になりきって演じ、答えています。その姿勢がロールプレイにリアリティをもたせ、子どもの心に響いたのです。

その後、③もう一度、それぞれの場面を演じて見せ、④劇を見ていた子どもたちからの質問を受けたあと、⑤劇を見た感想を書かせています。そのうえで⑥教室に戻ったあと、それぞれの役の気持ちについてもう一度話し合い、自分たちの学級や学年に似たような問題はないか、質の高い仲間づくりをするにはどのようにすればいいかを話し合わせています。

教師の本気が伝わったからか、劇のあとに書かせた感想文では、自分をいずれかの役に重ね合わせながら、いままでの自分を深く反省する内容の記述が見られます。

いじめに対しては、問題が起こったあとの事後的な対応だけでなく、「こちらから打って出る」指導を中心にしていく必要があります。そのスタートの時点で、学年の教師集団による、気合いの入った迫力あるロールプレイを子どもたちに見せることで、この問題に取り組む「教師の本気度」をきっちりと伝えておくことは、大変大きな意味があります。

人権教育で育てる

もう一つ、学校風土を変えていくために必要なのが、人権教育です。

私の見聞きしたいじめで、非常に気になったことがあります。動作が鈍い子どもなどをいじめるときに、いじめの用語として、「身体」「身障」「害児」といった言葉が使われます。これらは身体障害児を略した言葉なのですが、身体障害児のことを言うのではなくて、動作が鈍い子などをいじめるための、いわば「いじめ用語」として使われているのです。

二〇〇七年度からは特別支援教育が導入されています。軽度発達障害をもつ子どもたちが通常学級に多数在籍し、さまざまな個別教育プログラムによる支援が始まりました。そのなかで、「身障」「害児」という言葉がいじめ用語として使われていることが、どれだけ多くの子どもを傷つけるでしょうか。考えるだけで恐ろしいことです。

また、小学校では、以前から特別支援教育に熱心に取り組んでいる学校もありましたが、中学校での実践例は多くありませんでした。

特別支援教育は、多くの場合、普段は在籍している通常学級で授業を受け、必要に応じて、特別支援学級に通級して授業を受けるという方法が取られています。通常学級でも障害をもつ子どもへの特別な配慮が必要になります。

通常学級で特別な配慮を受け、かつ週に数時間、あるいは一日に数時間、特別支援学級に通う子どもたちは、他者との「違い」が、ほかの子どもよりわかりやすい形で出てきます。また、軽度発達障害の子どもたちは、もともと、コミュニケーションのとり方に特徴があることが多いものです。特別支援教育そのものは、もちろんとても重要なものですが、そのために通級の子どもたちの違いがより目立つようになり、いじめの標的にされるような事態が起きることを私は心配しています。もし、特別支援教育を受けている子どもに対し、さきのようないじめ用語によるののしりがあびせられると、本人はもちろんのこと、特別支援学級にいる子どもたちの多くがひどく傷つくことが予想されるのです。これは、とても大きな人権問題につながります。絶対に許してはならないことです。

ほかの子どもたちとのちょっとした「違い」を理由にいじめのターゲットに選ばれることは少なくありません。特別支援教育を導入する過程では、こうした事態が起こらないよう厳しい配慮を行っていく必要があります。

それから、かつて身分制度で使われていた差別用語まで、いじめ用語として使われている地域もあります。これはいじめられている子どもを傷つけるだけではなく、障害者に対する差別、部落に対する差別を助長することにつながります。

これは人権問題として絶対に許してはいけないことです。こういったことは、単にいじめというだけではなく、人の心をどれほど傷つけるひどい言葉なのかを、深く反省させるべきです。

具体的には、構成的グループエンカウンターの「ちくちく言葉、ふわふわ言葉」という「心があたたかくなる言葉と、傷つくような言葉を考える」エクササイズを行うのも有効でしょう※7。そして、部落差別や障害者差別の問題とからめながら、そういったときに使われる言葉をいじめ用語として使うなど、絶対に許されることではないんだと厳しく指導していく必要があります。

日本には部落問題を初め、さまざまな人権問題があります。そういった人たちの心を傷つける言葉を、平気で吐くという風潮が、最近、非常に強くなってきています。これは非常に恐ろしい傾向で、怒りを禁じえません。いじめ問題を入り口として、人権問題にも厳しく切り込んでいくべきです。

大人社会がもつ問題

これらの問題は、違いを認めないいまの大人社会に起因します。根本的に、いじめ問題は子ども社会だけの問題ではなく、大人の社会の問題でもあるのです。

これは、ある調査によっても明らかです。企業で働く労働者の悩み相談に応じる産業カウンセラーに対してアンケートをとったところ、産業カウンセラーの八割が職場でのいじめに関する相談を受けていると答えたといいます※8。セクハラ、パワハラが四二%、コミュニケーション能力の欠如や人権感覚の低下など、一般社会でも小・中学生と変わらない、いじめ問題が起こっているのです。

そして、これは教師にとっても人ごとではありません。学校でも、あまり仕事ができない教師を能力が低いといじめたり、セクハラ、パワハラまがいのことが軽々しく若い女性教師に対して行われたりしています。「あの先生は○○だから」と孤立させ、仕事をまったくさせなかったり、ということもあります。私の教え子でも同僚の中堅男性教師からいじめられてうつ病になった若い女性教師がいます。

保護者からのいじめとしかとらえようがないような強烈なバッシングによって、うつ病になり退職に追い込まれる教師も決して少なくありません。学校という子どもへのいじめが起きている現場で、教師と教師、教師と保護者の間でもいじめが起きていれば、本当の意味でのいじめ問題の解決や対応など、できようがありません。

まず職員室に、いじめがなく、教師同士がお互いがお互いを大切にできるような雰囲気をつくっていく必要があります。いじめられている子に助けを求めてほしいのであれば、まず職員室の雰囲気を、何かつらいことがあったらお互いにそれを支え合っていける雰囲気に――「弱音の吐ける職員室」に――変えていくことが重要なのだと私は思います。

※1：森田洋司・清永賢二『いじめ―教室の病い―』金子書房、一九九四年、四八〜五二頁。
※2：同事例集五〇〜五一頁。中嶋博行『君を守りたい』朝日新聞社、二〇〇六年。
※3：ジェーン・ネルセン、リン・ロット、H・ステファン・グレン（会沢信彦訳、諸富祥彦解説）『クラス会議で子どもが変わる』コスモスライブラリー、二〇〇〇年。
※4：森重裕二「毎日のクラス会議でこころが育つ」諸富祥彦編『小学校　こころを育てる授業ベスト十七』図書文化、二〇〇四年、一六七〜一七六頁。
※5：河村茂雄『データが語る①　学校の課題』図書文化、二〇〇七年、八二頁。
※6：池島徳大『クラス担任によるいじめ解決への教育的支援』日本教育新聞社、一九九七年、一一〇〜一二九頁。
※7：「ふわふわ言葉とチクチク言葉」國分康孝監修、林伸一・飯野哲朗・簗瀬のり子・八巻寛治・國分久子編集『エンカウンターで学級が変わる　ショートエクササイズ集』図書文化、一九九九年、一七四頁。
※8：『「職場いじめ」深刻化…カウンセラー、八割『相談受けた』』毎日新聞二〇〇七年二月十八日朝刊。

第９条　ピアプレッシャーをプラスに転換する

ピアプレッシャーとは、友達から受ける精神的な圧力のこと。自分の色（個性）を消して仲間に合わせるようにせよという圧力（同調圧力）のことです。いじめの起きやすい思春期には、ピアプレッシャーを非常に強く感じています。いじめを見て見ぬふりをしたり、学級全員でいじめに荷担してしまったりといったことが起きるのもこのピアプレッシャーによるところが大きいのです。

ピアプレッシャーの大きな影響

子どもたちの集団のなかで、ピアプレッシャーの影響は非常に大きいものがあります。中学生、特に思春期の女子の世界はいびつで、学級はさながら戦場のような状態です。具体的にどんなものなのか、私の経験した事例をもとに説明します。

次頁のイラストは、中学校二年生の学級です。学級では、二人〜四人の小グループがありますそれが島宇宙のように点在しています。これらのグループは、お互いにつかず離れずで、あまり関係をもっていません。そして個々のグループは非常に排他的です。特に思春期の女子にとってこのグループが自分の世界のすべてです。そこから排除されないよう、孤立しないように、死に物狂いになっています。子どもたちは孤立を何よりも恐れます。学級に友達がいないことほどみじめでつらいことはないのです。しかも、これらのグループの間には、子どもたちが感じる漠然としたランクづけがあります。だれか明確なリーダーがいて支配しているのではありませんが、なんとなく、かわいくて人気があるのがこのグループ・地味でダサいのがこのグループ、と序列がつけられています。

あるとき、上位グループでリーダー格のA子が、気晴らしのために、下位グループのC子をターゲットに選び「ねえ、C子をハブにしようよ」と言い始めます。その子と仲がいいことで学級での地位

を確保している、いわばば側近のＢ子がそれに追従します。そうしなければ自分がいじめにあうからです。ほかの子も、自分の身を守るために、見て見ぬふりをします。学級内でのいじめは、こんなふうにして始まります。

私が、いまの中学生の世界は戦場のようだというのは、こうしたことが多くの学級で日常的に起きているからです。いじめの背景には、このような学級内での「グループ化」と「グループ内でのピアプレッシャー」、そこからの排除の構造があります。スクールカウンセラーをしている私への相談で一番多いのが「仲間はずれにあいそうなんだけどどうしよう」というものです。なかには三人くらいで相談に来て「〇〇さんのこと仲間はずしにしたいんだけど、どうしたらいいですか」と言う子たちもいます。さらに最近は、この「排除の武器」としてメールが使われています。かつての不幸の手紙のように、チェーンメールを使っておどすいじめがはやっています。いじめで服を脱がされて下着姿になっているところを携帯で撮って写メールで送るといった仕打ちも行われています。

いつ排除するかされるかがわからないことに、思春期の女子たちは、みんな、どこかおびえています。孤立するのを恐れて、自分を消して、グループに同化しようとします。特別ないじめられっ子だけでなく、みんなおびえているのです。

子どもたちにとって何が一番の恐怖かというと、「グループから排除されてひとりぼっちになるのではないか、孤立してしまうのではないか」というプレッシャーです。それが一番怖いので、孤立するくらいならいじめられたまま耐えたほうがまだましだ、と考えてしまうことになりがちです。

「ひとりでいてもいい」ことを覚える

名古屋で起こった、五〇〇〇万円恐喝のいじめ事件を覚えているでしょうか。集団での恐喝事件ですが、その金額のあまりの大きさに世間は驚きを隠せませんでした※1。あの事件でも、「ひとりぼっちになるほどみじめでつらいことはないんだ」という感覚が背後にあり、そのなかで金銭感覚が麻痺し、自分がどれほどひどい仕打ちにあっているのかを判断する感覚も麻痺していったのでした。子どもたちは、ひとりになることを極度に恐れています。

私たちは、「友達をつくりなさい」と繰り返し子どもたちに言います。小学校に入学するときによく歌われる、『いちねんせいになったら』(まどみちお作詞)に「ともだちひゃくにんできるかな」という言葉があります。しかし、小学校一年生で友達が一〇〇人もいたら大変です。私たち大人は、子どもたちに「友達をつくりなさい」という圧力をかけすぎるのではないでしょうか。その結果、子どもたちが必要以上に「友達ができないこと」「ひとりでいること」を恐れすぎるようになり、いじめられてもグループに残り続けるといった異常な事態が生まれているように思うのです。

かつて、こんなことがありました。ブルブル震える女の子がカウンセリングルームにやってきました。その子は言います。「先生、このまま教室にいると、私、友達のこと刺しちゃいそう。しばらくここにいさせてもらえますか……」。

たずねると、彼女は「ムカつく友達に、無理矢理自分を合わせてつきあっていたら、いらいらしてきて、気づいたらコンパスを握って震えていた。そんな自分がこわくなったからここに逃げてきた」と言います。彼女は中学校二年生で、年齢よりかなり大人びた性格でした。周囲の子とは気が合わず、けれどひとりになるのが怖いので、自分を消して無理に周りに合わせていたのです。

子どもたちの多くはピアプレッシャーに苦しみ、自分を消して周囲に同化しようとしますが、それが限界まで達して彼女と同じように苦しみます。周囲の大人は、「そんな無理してつき合わなくてはいけないのは、友達なんかじゃない」「ひとりでいてもいいじゃないか。先生があなたの一番の友達でいてあげる」と、ピアプレッシャーから解放するような言葉かけをしていく必要があります。「ひとりでいることほどみじめでつらいことはない」という感覚をもっているうちは、子どもたちは自分のことを曲げて周りの人に合わせます。こうしたなかでいじめが起きると、とめどなくエスカレートしていきがちです。

彼女がえらいのは、カウンセリングルームに自分から助けを求めてきてくれたことです。保健室やカウンセリングルームを、子どもたちがピアプレッシャーから逃げたり一時的に避難したりすることがしやすい場所として整えておくことが重要です。保健室やカウンセリングルームを利用するのに、必ず担任の許可をもらうようにしている中学校がありますが、私はあまりおすすめできません。子どもたちの「助けを求めるチャンス」を奪ってしまうことになるからです。

「君を守り隊」の実践に見るピアプレッシャー

さて、ここまで説明してきたように「ピアプレッシャー」は、基本的にはマイナスの作用をもたらすものですが、ピアプレッシャーこそが思春期の子どもの人間関係を形づ

ねぇ
北村さんって
最近むかつくんだけど…
思わない？
そうそう
わかる～
そ・そうそう…
そ・そうね～

くっていくものであるならば、それを逆手にとることも考えられます。さきに述べた「君を守り隊」の実践は、まさにこのピアプレッシャーをプラスの方向に切りかえた好例と言えるでしょう。好例と言えるでしょう。正義の感覚に満ちあふれた子どもたちのチームで、いじめのパトロール、事情聴取、相談などを行うことによって、「いじめは格好悪い」という雰囲気が漂い始め、そうした仲間からの視線がいじめの抑止力になると考えられるからです。

まず、この取組みのいいところは、自分で「君を守り隊」に入るかどうかを考えて、保護者とも話し合い、了解を得たうえで入隊するところだと思います。これには本人の決心、決意が必要です。

そして、生徒の多くがかたい決意をもって「君を守り隊」の活動を続けることによって、いじめを行うと友達から「変なことをしている」という視線が向けられるような雰囲気が漂い始めます。これがいじめ防止の最大の圧力になると考えられるのです。

「君を守り隊」には、全生徒の六五％が入っています。過半数が「いじめはださいし、やめさせたい」という気持ちをもって、パトロール活動（休み時間・放課後に校内を回っていじめが起こっていないか、監視・確認する）や啓発活動に取り組んでいるのです。この活動によって、生徒たちに、ほかの子どもから見られているんだという感覚が生まれ、いじめをやめておこうという気持ちにつながっていくのです。

現在ではパトロール活動は休止しているそうです。一定の成果をみたら、一時期休んでも構わないと思いますが、子ども同士が確認し合うパトロール活動は、非常に効果があると思います。ほかにも、事情聴取をするなどして、いじめについての情報を集め、どこかでいじめが起きていないかということを、子どもたち同士のネットワークを駆使して探っています※2。私はこの実践が大きな成果をあげるためには、過半数の生徒が入隊することが必要だと思います。「僕は絶対いじめをやめさせたい、自分が君を守りたい」と名乗りをあげる子どもが過半数いると、学校全体の風土は変わらざるをえなくなってきます。

下館中学校に入学した子どもたちは「この学校にはいじめがないんだ」とびっくりしたそうです。いま、小学校・中学校には、いじめは多かれ少なかれあるものというのが常識になっています。それを打破するために、「君を守り隊」を模倣した実践を全国の学校でも広げていくべきだと思います。

「正しいことは正しい」と言える空気に

以前、私がある子どもと話をしていたら、次のようなことを言われました。

「先生、何で小学校のころは正しいことを正しいと言ってよかったの。中学校に入って小学校と何が一番違うかというと、何かを一生懸命するときに、陰に隠れてこっそりやらなくてはいけないことです。私は本当はもっと一生懸命やりたいんです。勉強も運動も掃除も……。

けれども中学校に入って、物事に一生懸命取り組んでいると、『何、あいつ、格好をつけているんだ』とか『何、あいつ、目立とうとしているんだ』って言われてしまう。後ろ指を指されてひとりぼっちで孤立してしまう、それがつらいので、本当は一生懸命したいのに、ちゃらちゃらと適当に手を抜いたふりをせざるをえないんです」

それから次のように作文に書いた子もいました。

「私の心がちくちく痛むときがあります。それはどういうときかというと、ある友達の一人がみんなから仲間はずれにされているのを見たり、いじめれているのを見たとき。そんな姿を見ると私のなかにも、止めなきゃいけないんだ、あれはいけないことだという気持ちが出てきます。けれどもだめなことはだめだと言った瞬間に、今度は私がやられるかもしれないと思ってしまいます。だから私は本当はだめだと思いながらもそのことを言えないでいる。正しいことを正しいと言えない自分がいて、そんな自分が嫌いでしかたありません」

多くの教室では、こうしたマイナスのピアプレッシャーが作用しています。正義感の強い子どもたちが、いま、学校の日常のなかで何を感じているかというと「正しいことを正しいと言いたいけれど言えない。なぜならばその瞬間に私は仲間から排除されてしまうから」という孤立への恐怖です。ピアプレッシャーにおびえて、正義感に幕をかぶせて覆い隠し、眠らせてしまうのです。

一人一人の子どもの心のなかには正義の感覚の種があります。どの子どもの心にもあるのです。もちろん、正義の感覚が強い子もあれば、比較的、弱い子もいます。けれども、いまの学校は、本当はしっかりとした正義の感覚の種をもっている子どもでも、それを出しにくい雰囲気があります。

この雰囲気を解除して、学校を正しいことを正しいと言える場にしていくこと、子どもの心の中にある「正義の感覚の種」を育てていくこと。これこそがいじめ対応の最も手っ取り早く、かつ根本的な対処法だと思います。

「正義の感覚の種」を育てていたら、いつの間にか学校全体に「いじめや差別はださい、自信のない奴がする格好悪いこと」という雰囲気がつくられていた……これが理想です。

※1：二〇〇〇年四月に発覚した、名古屋市立中学校で起こったいじめ事件。同年三月に卒業した当時中学三年生の男子生徒が、二年間にわたり同級生らから総額五〇〇〇万円を恐喝されていた。

※2：中嶋博行『君を守りたい』朝日新聞社、二〇〇六年。

第10条　マイナスの感情をコントロールする

いじめに走るきっかけをつくらない

もう一つ、いじめの予防対策として必要な取組みは、子どもたちに自分のマイナスの感情をコントロールする技能（スキル）を身につけさせることです。

学級に四十人も子どもがいれば、相性の合わない相手がいて当たり前です。特に、ルールが確立しておらず、安心感のもてない学級では、子どもたちがちょっとしたことでぶつかり、それがお互いのストレスを増幅させていきます。

ではそうならないために何が必要でしょうか。相手の言動にむっとしたり、いらいらしたりといったマイナスの気持ちをコントロールするスキルを身につけるのです。子どもたちに、自分のマイナスの感情とのつき合い方を学んでもらう。こうした取組みは、アンガーマネジメント教育や、ストレスマネジメント教育という名前で行われています。

クールダウンする

必要なのは、感情が高ぶったときに、それをクールダウンさせる方法です。次のような非常に単純な方法でいいのです。

- 数を数える
- 深呼吸する
- 筋肉をリラックスさせる
- 音楽を聞く

数を数える方法は、「みんないいかい、何かいらいらしたり、わーっと言いたくなったら、五つ数を数えるんだよ。先生と一緒にやってみようか。一、二、三、四、五、六、七、八、九、十……。はい、どんな気持ちになったかな」というように、楽しそうに行います。行ったあと、どのような気持ちになったのかをたずねてみるといいでしょう。

そして「いらいらしたら十、数を数えよう」というのを学級全体の習慣にしておくのです。子どもたち同士でも、友達やほかの子がいらいらし始めて暴れそうになったら「あっ、十数えなきゃ。一、二……」と二人一緒で数え始めることを習慣にしていくのです。そのような楽しいノリで、雰囲気がおかしくなったら気分を転換できるスキルを身につけさせるのです。

数を数える方法は、ほかの場面でも応用できる、子どもたちを落ち着かせるための非常にいい方法です。

例えば学級がざわついていて授業を始めにくいときにも、「みんな静かにしなさい」「授業を始めるよ」などと言うと余計にうるさくなることがあります。アドラー心理学では、「問題行動に着目するな、問題行動に着目したら余計にひどくなる」と言います。つまり、学級が騒がしい状態に対して「騒ぐな」と言うと余計に騒がしくなりやすいのです。

そんなときは、教師は「騒ぐな」と言うのではなく、何も言わずに突然大きな声で指折り数えながら「一、二……」と数えていくといいのです。低学年だと、気づいた子どもが一緒に数え始めます。その人数がだんだん増え、学級全体で数えるようになるまで続けます。そして「今日は十五で静かになったね、次はみんなもっと頑張ろうね」などと、自分たちで気がつけるように語りかけます。このほうが、無理矢理抑えつけるよりもずっといい方向に気分を転換できるものです。

深呼吸では、口からすっかり息を吐き出したあと、鼻から息を吸い込みます。この繰り返しで、心を落ち着けます。

リラクゼーション法として有名な筋弛緩法も有効です。例えば、足や腕、てのひらなどを十五〜三十秒程度じっと緊張させます。そして一気に力を抜いて、三十〜六十秒くらいお腹で呼吸をしながらリラックスした気分を味わうのです。

また、ヒーリングミュージックなどの音楽を聞く方法もあります。学級がざわついてきた、子どもたちがいらつき始めたと感じたら、授業開始前に五分間ほど気持ちが落ち着く音楽を流すのです。それだけで気持ちが落ち着き、学級の雰囲気が変わって授業に入りやすくなることがあります。

これらに共通するのはクールダウンです。これらの方法を教え、クールダウンする習慣を子どもたち自身に学んでもらうのです。

朝読書のときに黙想させる教師もいます。これもクールダウンの一つの方法です。大切なことは、習慣化することです。

なんだよ てめぇーっ!!
お前こそ、なんだよ やんのかよっ!!
おい、やめろ!!
深呼吸しろっ!!
おちついて 数をかぞえてっ!!
1、2、3って…

こうしたスキルの練習を行うときは、楽しい雰囲気で行うことが大事です。練習の段階から嫌々やらせては意味がありません。

ソリューション・フォーカスト・アプローチ

もう一つ、マイナスの感情とのつき合い方を学ぶ方法として効果的なものに、ソリューション・フォーカスト・アプローチ（解決志向アプローチ）の「外在化」と呼ばれる方法があります。

具体的には、次のようなやり方です。自分がとりつかれて、振り回されてしまうマイナスの感情を「虫」にたとえます。そして、どのようなときにその感情に振り回され、どのようなときならそれに振り回されずにすむかを考えていきます（外在化）。

例えば、友達と考えが合わないといらいらしてきて友達とトラブルを起こし、暴力をふるうことのある子どもには、「友達とぶつかると、イライラ虫が入って来るんだ」などと考えることで、自分の状態を対象化し観察する力を身につけさせていくのです※1。

ポイントは、問題行動をその子どものせいにせず、あくまでもその子の心についた「イライラ虫」のせいにすることです。自分にすぐにとりついてしまうイライラ虫と、どうつき合っていくかを考えさせるのです。

問題行動を子どものせいにして叱責すると、自己否定感が増長されてしまい、子どもは打ちのめされ、「どうせ僕は悪い子」と投げやりになってしまいます。例えば「A男君はいらいらしてきたら止まらなくなって、ついほかの子を殴っちゃったりするよね。だめだよね。我慢しないと！」などと言うと、この子の自尊感情が傷つきます。「僕はどうせだめな子。先生に迷惑をかける厄介者でしかない」となって、やる気を失ってしまいます。子ども自身の自尊感情が傷ついてしまうと、弊害は大きいのです。

落ち着きがない子ども、暴力的な子ども、非行に走る子ども、不登校になる子ども……ほとんどすべての問題をもつ子どもに共通するのは自己肯定感が低いことです。「どうせ俺は」「どうせ私は」「私なんかだめ」と投げやりになってしまっていることです。

問題を外在化すると、あくまでも悪いのは「イライラ虫のせい。君が悪いんじゃない」「困ったもんだよね、このイライラ虫は」と教師と子どもが話し合うことができます。「君は悪くない、君は問題を解決できる人間だ」という子どもを否定せず肯定するメッセージを送ることができます。その結果、子どもの意欲を損なわずにスキルの習得に取り組ませることができるのです。この方法を使うと、自尊感情を傷つけずに、マイナスの感情と上手につき合うスキルを身につけさせることができるのです。

なお、こうした取組みを行うときは、まず教師自身がリラックスしてゆとりをもち、自分のなかのいらだちや怒りなどを、ある程度笑って流していけるような心の姿勢を保っておくことが重要です。スキル以前に教師自身の姿勢、すなわちメタスキルが重要になってくるのです。

心を落ち着けるための授業を、ぎすぎすした雰囲気のなかで「さあ、みんな心を落ち着かせよう」と行ってもあまり効果はないでしょう。教師自身のメタスキルを磨いて、話し方や口調、笑顔に気をつけ、気持ちをリラックスさせて平常心で取り組むことが重要です。一番重要な教材は教師自身です。教師自身がいらいらしていないこと、穏やかであり続けることです。教師のいらいらが、子どもたちの最大のストレス源になっていることさえあります。

フォーカシング

私の専門分野であるフォーカシングにも、子どもの心を落ち着かせる簡単な方法があります。「心の天気図」という方法です。「自分の心は、いまどんな様子かな」と問いかけて、それを天気図で表現してもらうのです。

例えば、もうすぐ爆発しそうな気分であれば、雷が鳴っている雨雲の様子を描いてくるかもしれません。まあまあ穏やかだったら、晴れのち曇りの絵を描いてくるかもしれません。自分の心を少し静かにして、ていねいに見つめ、記号で表すという簡単な方法で子どもたちの心のケアができるのです。

この方法のいいところは、天気図という比喩を用いることで、限られた範囲で自分の心を表現できるようにしていることです。

「いまの自分の気持ちを作文に書きなさい」と言われても、書くこと自体が大変で、余計にストレスがたまってしまう子どもは少なくありません。「自分のいまの気持ちを見つめて絵に描きましょう」と言われたときも同様です。ストレスマネジメントに取り組むことで、子どもたちが余計、ストレスフルになるという事態が意外に多く起こっています。

しかし、天気図であれば、作文や絵が苦手な子どもであっても簡単に描けるので、余計な負荷をかけずにすむのです。

子ども向けのストレスコーピングについては、ほかにも多くの方法があります。子どもの心に負担になりすぎない適切なものを適度な頻度で行っていくといいでしょう※2。

※1：桜井美弥「解決志向アプローチで『こころの虫退治』」諸富祥彦編『小学校　こころを育てる授業ベスト十七』図書文化、二〇〇四年、六三～七四頁。
※2：矢澤敏和「『こころのダム理論』でストレスコーピング！」前掲書、五三～六二頁。

第11条　SOSを出しやすい雰囲気づくり

被援助志向性を高める

「いじめられた子どもにどうやって助けを求めてもらうか」ということは、いじめ対応における大きな課題です。

援助が必要な子どもが、援助を求めてくれなかったら、カウンセリングや教育相談は役に立ちません。いじめ問題でも、いじめられている子どもがカウンセリングを求めてくれなかったならば、カウンセリングの有効性は示せません。どうやって本当に援助が必要な人に、助けを求めてきてもらうか（被援助志向性を高める）ということが、カウンセリングや教育相談の有効性を高めていくには必須の課題なのです。

いじめを見つけるのはだれか

文部科学省の調査によると、いじめの発見のきっかけは次の通りです。

小学校では、①保護者からの訴えが三九・七％と最多、②担任など教師の発見が一八・六％、③いじめられた子どもからの訴えは二一・三％です。

いっぽう中学校では、①いじめられた子どもからの訴えが三四・七％と増え、②担任など教師の発見が三〇・二％です。小学校に比べ、担任の発見件数は少し減っていますが、ほかの教師・養護教諭の発見は大幅に増えています。③保護者からの訴え二二・七％、④ほかの子どもからの訴えが九・七％です※1。

中学校で保護者の発見が減っているのは、小学生と比べて子どもに対する視線が緩くなっているということだと思います。これは、思春期にさしかかると保護者と会話をする頻度が極端に少なくなることもあり、ある程度自然ななりゆきです。しかしそうなると、保護者がいじめのサインを発見するのもむずかしくなります。つまり、一番の手がかりはやはり、いじめられた本人からの訴えということになります。

よく、「いじめをどうやって発見するか」と言われますが、重要なのは発見にやっきになることではなく、いじめられた子どもが自分から助けを求められる雰囲気やシステムをつくっていくことだと思います。そのためにどうすればいいか、考えさせられるエピソードがあります。

ある中学校で「私はいじめられています、もう死にたい」という生徒からの匿名の手紙が届きました。これは大変だと学校が全校集会を開き、「絶対に死ぬな、そんなにつらいんだったら私たちの胸に飛び込みなさい」と子どもたちに訴えました。しかし、多くの教師は腕を組んで、見下すように巡回をしています。そのとき、スクールカウンセラーは思わず「先生、腕を組んでは胸に飛び込めません」と言ったといいます。

「助けを求めて胸に飛び込んでこい」と腕組みしたまま怒鳴られても、子どもにとってそれはむずかしいのです。もっと助けを求めやすい雰囲気をつくる必要があります。

担任に相談したくない思春期の子ども

中学校二年生を対象にしたある調査で、興味深い結果があります。「友人関係のトラブル、家庭での悩みなどをあなたはどの先生には相談できませんか」と質問したところ、学級担任が一番だったと言うのです[※2]。

私は、それは当然だと思います。近しい人間に相談できないのは、思春期の特性です。だからこそ、いじめの問題は担任にはなかなか相談できないわけです。

これは、学級担任と子どもの関係がうまくいっていないからではありません。担任とは関係が近しいからこそ悩みを話せないということがしばしばあります。

いっぽう、さきの調査では、勉強や進路の悩みに関しては学級担任が一番相談しやすいという結果が出ています。つまり、勉強や進路のことであれば担任に相談できるけれども、友人関係・恋愛・家族関係といったプライベートな悩みであればあるほど学級担任には相談できないのです。

ではどうすればいいでしょうか。このようなときこそ学校という場がもっている重要な特性を生かすべきだと思います。

学校を、カウンセリングあるいは心理臨床の現場としてとらえてみると、その特性は、一人の子どもに対して、さまざまな人が、多角的な視点でかかわることができ、情報収集ができる点にあると言えます。この利点を生かさない手はありません。学級担任と子どもとの二人の関係に限定せず、子どもにかかわる学校の人間関係を生かすのです。

周りの子どもからの情報発信の機会を増やす

では、本人から直接相談してもらえない場合はどうしたらいいでしょうか。

一番早い方法は、本人以外の子どもから「いじめがある」と報告してもらうことです。

しかし、前出の文部科学省の調査によると、いじめを発見し報告したのが、当事者以外のほかの子どもだったケースはわずか一割です。

けれど実際には、学級の多くの子どもたちはいじめの事実を知っているのです。ですから、いじめの発見のために重要なのは、教師や保護者が発見しようとやっきになるより、まずいじめられている子ども本人に助けを求めてもらいやすい工夫をすることであり、次に、学級のほかの子どもたちに生徒がだれをいじめているか教えてもらう機会を増やすことです。これには、いじめに関するアンケートが効果を発揮します。

アンケートは、対象や方式を変え、年に何度か行うといいでしょう。

一．記名式アンケート

子どもたちは、アンケートであれば「自分のことじゃないけど言える」と感じることが多いものです。記名式アンケートで学級の情報を得る際には、設問を工夫する必要があります。例えば、「あなたの学級にいじめられている子どもはいますか」ではなく『もしかしたらいじめじゃないかな』と思った場面を見たことがありますか」と、やや範囲の広いあいまいな聞き方をします。そして、それぞれの項目に〇をつけた子どもから、のちほど個々に情報を得ていきます。

なお、この種のアンケートでは、比較的中立的な立場の子から情報が得られることが多いですが、記名式であるため、「知っているけど知らないことにしよう」という意識が働く子も少なくありません。これも記名式の限界です。また、情報収集に協力してくれた子が「あいつがちくった」と疑われない配慮も必要です。

二．匿名式アンケート

匿名で行う場合は、比較的具体的に聞くアンケートが向いています。

設問は、「あなたの学級にいじめられている子どもはいますか」「よかったらだれがどういうふうにいじめられていたか具体的に教えてください」と、なるべく具体的に聞きます。

重要なことは、アンケート配布後、「匿名なので、あなたが書いたことは絶対にわからないように、先生が責任をもって保障します」と宣言することです。子どもたちは、教師に必要な情報を知らせたい気持ちが半分、書いてしまったために「ちくった」と言われるのを避けたいという気持ち半分です。アンケートに記入してくれた子どもの匿名性を必ず守ることを明確に伝えるべきです。

なお、筆跡でわかってしまうことを恐れる子もいます。学校にメールがあれば、「もし筆跡でわかってしまうと思うなら、メールで教えてください」としてもいいでしょう。小さな正義感でだれかを救うことができる、当事者に気づかれずにいじめをなくすことができるんだと子どもたちに知らせる必要があります。

本人の変化をもとに聞き出す

一．ストレスチェックのアンケートを行う

自分から教師やスクールカウンセラーに相談できなくても、聞かれれば「いじめられています」と言える子どももいます。そこで、学校でいじめのサインを見つけ、サインの出ている子どもに個別に面接し、いじめられていないか確認する方法もあります。

いじめに関するアンケートとしてではなく、「ストレスのチェックです」と子どもたちにアンケートをとります。その回答で、いじめやその他の原因で学校不適応に陥っている子どもを発見し、相談につなげるのです。

ストレスチェックリストの例を一七二頁に載せました。子どもはこのリストにチェックすることで、自分から「いじめられている」と言わなくても、教師に助けを求めることができます。

ストレスチェック

最近のあなたの状態を答えてください。

	いつもある	ときどきある	あまりない	ない
1．体がだるい	4	3	2	1
2．食欲がない	4	3	2	1
3．吐き気やめまいがする	4	3	2	1
4．あまりよく眠れない	4	3	2	1
5．ボーっとして集中できない	4	3	2	1
6．お腹が痛い	4	3	2	1
7．頭が痛い	4	3	2	1
8．友達関係や部活でうまくいかないことがある	4	3	2	1
9．学級にはほっと安心できる雰囲気がある	4	3	2	1
10．先生は私のことをわかってくれない	4	3	2	1

チェックリストには「体がだるい」「頭が痛い」「食欲がない」などの身体症状、「不安を感じる」など精神面の状況が記されています。このリストで、ストレスが強いと判断できれば、学校や家庭で何らかの悩みを抱えていると考えていいでしょう。

また、学校でチェックリストに答えてもらう場合、「友達関係でうまくいかないことがありますか」「学級にいるとほっとできる雰囲気がありますか」など、人間関係にかかわることについてたずねる項目ものせておくほうがいいでしょう。子ども自身から、自分がいまどういう状態かを伝えさせるのです。これがＳＯＳを求める手段になります。ストレスチェックリストは、だれが書いたかわかる必要があるので、記名式で行います。

二．アンケート結果をもとに個人面接を行う

ストレスチェックでチェックした項目が多い子どもを、授業中などに声をかけて呼び出し、スクールカウンセラーや養護教諭が面接をします。私も実際に、スクールカウンセラーとしての勤務校で行ってみましたが、ストレスチェックの結果に基づいてさまざまな質問をしているうちに、自分がいじめのようなものを受けていることを語り始める子どもは少なくありませんでした。

学級や学校はまさに臨床の現場です。そこで行う質問紙調査は、関係性という前提な

しに解釈するのは危険です。チェックされた項目は、子どもが助けを求めるサインとして理解する必要があります。どれぐらいストレスがたまっているかの客観的な手法にはならないし、またそれは必要ではないでしょう。質問紙調査でマイナス項目にたくさんチェックがつく子どもは、教師に何かしてほしい、救ってほしいとアピールしているのだと理解・解釈すべきです。だからこそ、ストレスチェックの結果は、個人面接につなげるための資料として役立ててほしいものです。

三．男女のコミュニケーション能力の差

ストレスチェックをもとに個人面接をしていくと、女子は教師にも保護者にも相談しているか、していない子どもの場合でも、「相談したい」と答える子が少なくありません。いっぽう、男子の場合は多くの場合、だれにも相談をしていません。男子と女子の一番の違いは、女子は保護者に言える子が多いのに対して、男子は言えないことです。

男子のなかにも、スクールカウンセラーに積極的に援助を求めてくる子もいます。しかし、それは、コミュニケーション能力の高い一部の子どもに限られるか、保護者や教師にいくら言ってもわかってもらえないという気持ちを抱え込んでいる子に限られるようです。

もう一つ感じたのは、ストレスのチェックが多い男子には、うつの様相を呈する子どもが多いことです。いじめられている子はもちろんですが、いじめられていない子でも保護者との関係が悪い男子は、言葉にならないほどどんよりして、軽いうつ状態にあると思わざるをえない様子の子どもがすごく多いようです。

女子はそうでもなく、いじめられても言葉にできるのですが、男子は面接で上手に言葉にできない子が少なくありません。言葉を出すのが遅く、うまく自分の状況を訴えられないでいるのです。

子どもたちを見る目を増やす

ここまで述べたのは、質問紙などで子どもたちから直接訴えを出させる方法でした。けれども、なかなか、サインを発してくれない子どもたちもいます。そこで、子どもを見る大人の目を増やして、子どものいじめを発見していく工夫も必要です。

一．通学路で地域の人がいじめ発見

いじめは、学校の中だけで行われるわけではありません。教師の前では見つからないように注意しているけれど、一歩、学校を出て気が緩むと、急にいじめが行われ始めることはよくあります。

登下校は、いじめが起きやすい場面の一つです。そこで、通学路や登下校中の子どもの様子を地域の方に観察していただき、何かあれば知らせてもらう、という方法も、いじめ発見のために非常に有効な手段です。

実際に、地域との連携でいじめ防止に取り組んでいる学校があります。愛知県刈谷市立富士松南小学校では「いじめ防止モニター」として、地域の人が参加しています※3。最近では、不審者対策などもあって、子どもたちを守るために地域の目を行き届かせようという意識が高まっています。「地域で子どものいじめを見つける取り組みを連携して行いたい」と提案すれば、協力してくれる保護者の方や、地域の方は多いと思います。また、地域にこういうことをしている人がいることで、子どもたちや保護者のいじめに対する意識も高まっていきます。

二．教師間でお互いに見る目を増やす

学級担任の場合、どうしても学級の秩序を重んじます。それはそれで悪いことではありません。しかしながら、あまりにもそこに気持ちが行き過ぎると、いじめられている子どもたちの気持ちが見えなくなってくることがあります。

このことを典型的に示しているのが、二六頁で紹介した「忘れ物をなくそうという目標を掲げていた学級で、ある子どもが、周りの子に忘れ物をすることを強く責められるという形でのいじめが行われていた。しかし、教師はいじめだとは気づかなかった」という事例です[※4]。この事例の場合、子どもが養護教諭に相談し、相談を受けた養護教諭から子どもの様子を聞いてはじめて、学級担任は自分がいじめに対する認識が不十分だったことに気づいています。

教師同士の連携が、自分の見方の一面性を気づかせてくれるのです。

心の第二担任制度

教師間で見る目を増やす取組みのなかで、私がおすすめしたいのが「心の第二担任制度」です。名前は違っても、多くの学校で既に取り組んでいることの多い活動だと思います[※5]。

一．取組みの概要

すべての子どもに校長、教頭、養護教諭、教育相談員も含めた全教員の名前を書いた記入用紙（一七九頁参照）を配ります。そのなかから三人ぐらい、相談したい、話をしてみたいという人に○をつけさせ、そのうちの一人と十五分程度よもやま話をするのです。いわゆる教育相談週間です。

そこで選ばれた教師は、もし悩みがあれば悩みを聞いてもいいし、つらそうな子にっらそうな理由を聞いていきます。特に悩みがなければ、ただのよもやま話でもかまいません。目的はその教師と子どもとの一対一のリレーション（信頼とふれあいのある人間関係）づくりです。悩みを話さなくても、リレーションづくりという目的は達することができます。

いざというときに「この先生ならしっかり聴いてくれる。受けとめてくれる」「この先生には私が感じているつらいことや、悩みを全部話せる。信頼できる。秘密も守ってくれそうだな」と子どもが感じられる信頼関係をつくっていくことが目的です。

この関係をつくっておくと、いじめなどのトラブルが起きたときに、「学級担任にはちょっと話しづらいけど、この先生なら話してみようかな」と思えることがあります。教育相談に先進的な意識をもったいくつかの学校・地域で、こういった取組みが行われています。実施したほとんどの学校で成功を収めています。

相談週間に話をしたい先生

年　　組　　名前

このなかから、３人、相談してみたい先生を選んで、○をつけてください。

校長先生	（　　　）	○○先生	（　　　）
教頭先生	（　　　）	○○先生	（　　　）
○○先生	（　　　）	○○先生	（　　　）
○○先生	（　　　）	○○先生	（　　　）
○○先生	（　　　）	○○先生	（　　　）
○○先生	（　　　）	○○先生	（　　　）
○○先生	（　　　）	○○先生	（　　　）
○○先生	（　　　）	○○先生	（　　　）
○○先生	（　　　）	○○先生	（　　　）
○○先生	（　　　）	だれでもいい	（　　　）

二．考え方

いまの子どもたちは小さいころから一対一の対応に慣れています。そのため、学校でも一対一の対応を強く求めていることがあります。学級担任と子ども集団、四十対一の関係ではとても満足できないのです。個別のかかわり、一対一のふれ合いを求めているのです。

心の第二担任制度は「自分が選んだ先生を自分一人で独占できる」ので、子どもたちの満足度も高く、心の安定にとってとても重要な意味をもちます。

特に、小学生は大人と一対一のかかわりを強く求めています。小学校ではまだ学級担任制の意識が強く、自分の受け持ちの子どもの悩みを別の先生に聞かせることに抵抗がある教師が多いようです。ですが、それではいじめられている子どもは救われません。小学校では、学級担任中心主義を打破することが、いま、最も大きな課題になっていると私は感じます。

いじめは、子どもと子どもの関係や、学級の雰囲気が煮詰まったときに発生します。学級担任は煮詰まった人間関係の一員なので、その雰囲気を変えることがむずかしいときもあります。そこで、この人間関係の外にある教師に加わってもらうことで、煮詰まった人間関係に風穴をあけることができるのです。

三．「心の第二担任制度」の効果

この実践によって、すべての子どもに、担任以外の「私はこの子とかかわっていくんだ」という意識をもった教師が、校内にもう一人できることになります。子どもたちにとって、これは大きな心の支えとなります。その子に何か問題が生じたときに、担任の次に「心の第二担任」の教師が相談にのることもできますし、日ごろから、担任と「心の第二担任」子どもの様子を確認し合うこともできます。

子どもと学級担任の相性が悪いことは、よくあります。むしろ、相性ばっちりな子どものほうが少なく、学級に五人程度ではないでしょうか。相性がよくない子どもの場合、むしろ別の教師がかかわったほうが、心の問題などデリケートな場面では適切な対応がしやすいはずです。

子どもが自分で選んだ教師に相談に乗ってもらえる心の第二担任制度は、子どもにとっても非常に有益ですし、教師同士の連携をはぐくむうえでも効果があります。

「一度、校長先生と話をしてみたかった」と相談相手に校長を選んだ子どもが不登校になったとき、保健室ではなく校長室登校をしたという事例もあります。この実践を行うと、多くの場合、校長が相談相手の人気第一位なので、校長が子どもと接する機会を増やすことにもつながります。

四．留意点

大切なことは、「教育相談週間にどの先生と話をしたいか」選んでもらうリストの最後に「だれでもいい」という項目をつくっておくことです。これをつけることによって、人数の偏りがある程度防げます。

また、教育相談に関しては、「甘やかしだ」という考えの教師も少なくありません。そして、そういう考えの方は、子どもに厳しいことがままあります。「子どもの話を聴いてあげるなんて、甘やかしに過ぎない。そんなことをするから子どもがつけあがるんだ」というわけです。ある学校で、そのような考え方の教師が、だれからも選ばれなかったということがありました。その学校では、その方が強く反対したことが実践の妨げとなりました。そのような事態にならないためにも、「だれでもいい」という項目が必要です。

あのね〜
うちではー
トイプーの
プーちゃんとー
おうちでは
いつも どんなこと
してるの？
アンケート
①校長先生
②教頭先生
③○○先生
④だれでもよい

教師同士の情報交換の場をつくる

子どもを見る目を増やしたら、今度はお互いの情報を共有しなければなりません。その方法として、教師だけのメーリングリストをつくる手もあります。これは、山口大学教育学部附属小学校で行われていた例です。教師だけがメンバーのメーリングリストをつくって、そこでそれぞれの教師が自分の学級以外の子どもたちのことでも、気になる子どもたちのことを書き込めるのです。

教師は本当に忙しい。学校にいる間は気になっている子どものことがあっても、その子の担任とは忙しくて同じ場所に居合わせない、一言の話すらできないということがしばしばあります。これを埋め合わせるために、メーリングリストをつくって、子どもたちの情報交換をしているのです。これも非常に有効な手だてだと思います。

いずれにせよ、臨床現場としての学校の一番の強みは、一人の子どもを多くの教師がいろいろな角度から見ることができ、それぞれ違った方法でかかわっていくことができる点にあります。さまざまな角度で、さまざまな教師がかかわることができる方法を考えて、子どもを見る目を増やしていくことが、学校の教育相談・生徒指導では最も大切なことですし、そうすることがひいてはいじめの防止にもつながるのです。

※1：文部科学省『生徒指導上の諸問題の現状について（平成十七年度）』二〇〇六年。
※2：今井英弥による中学生対象の調査。諸富祥彦『カウンセラーが語るこころの教育の進め方』教育開発研究所、一九九六年、一八六頁。
※3：「毎日通学路を見守っている『いじめ防止モニター』からの情報が、いじめの早期発見、早期対応につながっている」『総合教育技術』二〇〇七年三月号、三六〜三七頁。
※4：文部科学省『いじめ問題に関する取組事例集』二〇〇六年二月、八八〜八九頁。
※5：元雄紀子「明日も来たくなる学校づくり」諸富祥彦編『小学校　こころを育てる授業ベスト十七』図書文化、二〇〇四年、一八七〜一九六頁。

第12条　家庭との連携をはかる

お互いに対応の順序を確認する

家庭と学校の関係はいま、非常に大きな問題になっています。学校や教師にクレームをつけることが生きがいのような保護者もいて、精神的に追いつめられている教師が少なくありません。

けれどもいじめの場合は、いじめられている子どもの心や命を救うという大命題があります。学校と家庭がけんかしている暇はありません。まず第一に優先すべきは、いじめられた子ども＝被害者を守ることです。これを何よりも重要視すべきです。

まずはいじめられた子どもを守りましょう。そのために家庭と学校は強力なパートナーシップを結ぶべきです。このことを校長をはじめとした管理職が、普段から教職員に徹底させ、また家庭にも連絡をして、一丸となっていじめ問題に取り組んでいく姿勢をつくっていく必要があります。

いじめの早期対応のために、日常から家庭にお願いすること

いじめが起きる前に、家庭に普段から取組みをお願いしておきたいことがあります。①万が一、子どもがいじめられたときに、助けを求めやすい環境をつくること、②子どもたちがいじめにあっていないかどうかの目を配ることです。

具体的には、次の二つです。

> ①「しつけ型」から「見守り型」への切りかえ
> ②いじめのサインのチェック

一．年齢に応じた子どもへのかかわり方

多くの保護者は、子どもが小さいときは育児書をたくさん読みますが、学齢期を過ぎ、子どもが大きくなるにつれ、本を読まなくなります。子育てについて「まあ、こんなもんだろう」とどこか安心してしまうのでしょうか。

けれども子育てについては、当然ながら、子どもの年齢や発達に応じて、やり方を切りかえる必要が生じます。子育てのギアチェンジが必要なのです。

私はよく、保護者を対象にした講演会などで「心の子育ては、お子さんの年齢に応じて、ギアチェンジすることが必要です。わかりやすく言えば、〇～六歳までは、溺愛でもいいので愛情を降り注ぐ時期。六～十歳までがしつけ中心の時期。十歳から十五歳までは少し引いて、見守り中心の時期になります。この、心のギアチェンジがうまくできないと、お子さんの心がねじれてしまい、問題行動につながるのです」と言います。

けれども実際はギアチェンジがうまくできない方が少なくありません。

小学校中学年くらいまでは、社会性やマナーが身についていないので、できていないことは叱り、様子がおかしかったら、根掘り葉掘り聞き出すことも必要でしょう。子どもも親にモデルを求めますので、ある程度「正しい立派な親」を演じる必要があります。

しかし、思春期に入ると、子どもの発達課題は「自立」に向かいます。もやもやしたものをたくさん抱え始めます。精神的に少しずつ自立していく時期なので、いじめなどの問題が起こっても、自分で問題解決をしたがったり、親には本心をすべて話したがらなかったりします。

にもかかわらず、親がこれまでと同じようにがみがみと口うるさくかかわり「ちゃんとやっているの」「それは本当なの？」「そんなことして、大丈夫なの？」と怒鳴ってばかりいられると、子どもはたまらなくなります。「親は私のことを信じてくれない」「この親には何を言ってもわかってもらえない」という思いが強くなって、追い込まれていってしまい、精神的につぶれていくということになりかねないのです。

また、これとは別に、子どもの目に映る親が、「あまりにもちゃんとしすぎていて、立派な親」だと、自分がいじめられているという屈辱的な内容を相談しにくいということもあります。

思春期の子ども自身からいじめられていることを話してもらえる親になるには、どんなに「ちゃんといじめられたら言うのよ」と説教しても始まりません。

「この親だったら弱音を吐いても大丈夫だ」「私のことを文字通り受け取ってくれて、私の苦しみも受けとめてくれる」「欠点のある私のことも否定しない」と子どもが思えるような、「弱音を吐ける親子関係づくり」を行っていくことが重要です。

いじめ問題の解決には家庭との連携、家庭の教育力が必要です。学校が、子育てについても支援をし、家庭教育学級の講演会などで、こうした「何でも言える家庭づくり」の重要さをアピールしていくといいと思います。

いじめチェックリスト（保護者用）

①	最近、つき合うお友達が急に変わったと思うときはありますか。	
②	帰りが遅くなったり、高額なおこづかいを要求するようになったりしたことはありませんか。	
③	服が汚れていると感じることがありますか。	
④	よく持ち物をなくして帰ってくることがありますか。	
⑤	食欲がなくなったと思うときはありますか。	
⑥	夜、睡眠はとれているようですか。	
⑦	学校のことを急に話さなくなったりしていませんか。	
⑧	朝、学校に行きたがらなくなることはありませんか。	
⑨	体がだるい、頭やお腹が痛いなどと訴えることはありませんか。	
⑩	ボーっとしていることが増えたり、八つ当たりが多くなったりしていませんか。	

二．いじめのチェックリスト（保護者用）

家庭でできるいじめの予防・早期発見の対策の一つとして、いじめのサインを家庭で見つけるチェックリストを作成し、家庭に配布するといいと思います（一九〇頁参照）。

問題の一つは、チェックリストの提出のさせ方です。

いじめられている子どもの場合、本人がちくったと言われるのを恐れて保護者に渡さなかったり、提出しなかったりすることも考えられます。学校で配布する場合は、手紙を封筒に入れてのりづけし、内容を子どもに見られないようにします。

ダイレクトメールのように個人宅に郵送して、返信も郵送でしてもらったり、学校のメールフォームから返信してもらったりしてもいいでしょう。

このチェックを行うことで、保護者に、子どもをよく観察する目が育っていきます。いじめなんてわが子だけはと多くの保護者は思っています。もし、いじめになっていなくても、子どもを観察して、その変化に注意深くなることは、保護者の教育力を高める意味でも非常に重要なことです。それを促すためにも、「いじめが話題になっているいま、こういった点に目を配ってください」と学校から保護者にお願いして、この機会に家庭との連携を図っていくことも大事なことだと思います。

えへへ、汚しちゃって…
体操服に足あと…
教科担当は、そんなことはなかったといってますが、部活の顧問にも聞いてみます
娘の体操服に足あとがあったんです…誰かにけられたのでは…？

なお、このチェックリストで、気になる項目がいくつかあるときには、まずスクールカウンセラーに相談して、保護者・スクールカウンセラー・教師の三人で面談をするというのが、一番効果的な取組みになると思います。

三．いじめの記録書式

いじめが疑われる状況になったら、記録をつけることは既に述べました。ポイントは、いじめが起こる前に、学校から保護者に書式をあらかじめ渡しておき「何かおかしいと思ったらつけてください」と伝えておくことです（書式は一九四頁参照）。保護者が「いじめかもしれない」と思ったときに、すぐ記録できるよう、学年初めの保護者会などで配っておくのです。

子どもの食生活の変化

長野県で実際に行われた独創的な取組みがあります。初めは学校単位、のちには教育委員会単位で給食の献立を週五食米飯、おかずは魚を中心にしたところ、子どもの問題行動やいじめが減少したというのです[※1]。

いま、食育の必要性が叫ばれていますが、家庭での食の問題は深刻です。私はある食

保護者の記録書式

月日	見聞きしたこと	感じたこと
5／1	体操服に靴のあとがありました。帰宅後すぐ、自分で体操服を洗おうとしていたので聞くと「リレーの練習で転んだ」とのことです。	転んで他人に踏まれるはずがなく、蹴られたりしたのではないかと思います。

品会社の研修に呼ばれたことがありますが、そこで聞いた話によると、いまはレトルトでさえ売上が激減しているというのです。つまり多くの家庭で食事を作っていない、レトルトを温めることさえしないというのです。その会社の方の話によると、ジャガイモを使う料理、例えばカレーを作ろうとしても、そもそもカレーに使うジャガイモの切り方がわからない、という保護者もいるほどなのだということでした。

きちんと作る家庭ではもちろん作っていると思いますが、食品会社の売上に影響するほど、手作りの料理を出している家庭が徐々に減っているのです。それに伴い、現代の子どもたちの食生活も変化しています。本来は家庭での食生活を何とかするのが一番ですが、それは学校ではむずかしいことです。そこで、この実践では給食を変えたのです。

私は、子どもたちがいま、なぜキレやすくなったか、ストレス耐性が低くなったかを考えると、いくつか要因があると思います。核家族化や、きょうだいが少ないことによる甘やかしなどもありますが、栄養バランスのとれた食事をとっていないことによる身体的な影響も小さくないと考えています。ここを変えていくと、恐らく、いじめや「キレる」行動などの、子どもたちの問題行動はかなり減っていくのではないかと思います。

この事例をもとに、家庭と学校で子どもの食について考えるといいと思います。

ゲームの影響

もう一つ、東北のある小学校で聞いた取組みは、「就寝前二時間はテレビもゲーム、パソコンも一切しない」というルールをそれぞれの家庭で実行してもらったら、子どもたちがとても落ち着いてきたということでした。

私は脳科学のことは詳しくありませんが、入眠前にテレビなどを見ないと、メラトニン（睡眠導入物質）が分泌されてスムーズに入眠でき、安定した睡眠がとれるようです。また、就寝前二時間、ゲームとパソコンもせず、テレビも見ないとなると、嫌でも家族と話す、本を読むなどの時間が増えます。このような対応をとるだけで、子どもの情緒面に大きな影響を与えるのです。

子どもに影響を与える生活面からのアプローチも、いじめを改善するヒントとして考える必要があるでしょう。

※1：大塚貢「学校からいじめや非行をなくすことができないのか」『悠』二〇〇七年二月号、二八〜三一頁。

第13条　外部機関を活用する

いじめに対応する社会的なリソース

ここまで、学校単位でのいじめへの対応を紹介してきましたが、もちろん、学校以外の機関でもいじめへの対応を行っているところがあります。このような外部機関を、力も積極的に活用していくべきです。

一．警察

冒頭に、警察が調べたいじめにかかわる事件の調査結果をあげました。それを見ると、相談件数がここ九年で四倍になっていることがわかります※1。「いじめは事件だから警察に」と、ストレートに声をあげる被害者が増えてきたということでしょう。私はいい傾向だと思います。

いじめに伴う暴行、恐喝は明らかな犯罪です。傷害罪が成り立つようなひどいケースもあります。学校ではいじめを刑事事件として扱うことはできません。明らかに犯罪的な性格を帯びた劣悪ないじめで、刑事事件としての立件を望む場合は、警察に相談してもらうのも一つの方法だと思います。

二．電話相談・ミニレター

いじめに関する電話相談を受け付けている機関は、非常に多くあります。行政やNPO法人、お寺や教会など、たくさんの機関がいじめ相談のための電話窓口を置いています。

また、法務省が行ったミニレターでの相談もあります。手紙・電話などの方法で相談できる窓口の情報を、子どもたちに教えておくといいでしょう。

三．インターネット（メール・掲示板）

手紙での相談は手間がかかるし、筆跡で特定されることを恐れる子どももいます。また、最近の子どもたちは、電話での相談が非常に苦手です。むしゃくしゃしたり、いらいらしたりしている自分の感情を、電話の向こうにいる相手にきちんと言葉で伝えることができないのです。

こういった、自分の感情を語るのが苦手な子どもに向いているのがインターネット上の掲示板です。掲示板という形で、一歩、時間を置きながら、自分の気持ちを言葉にしていくことができるのです。しかも匿名性が高いので、安心感があります。

いじめの掲示板も、個人のホームページで運営されているものから、ＮＰＯ法人によって運営されているものまで、さまざまなものがあります。

一例をあげると、富山県射水市のＮＰＯ法人が運営している「射水市子どもの権利支援センターほっとスマイル」のいじめ相談の掲示板※2があります。メールでの相談も非常に可能性が高いものです。各自治体の教育委員会で、メールの相談窓口を設けているところがあります。いじめのような、自尊感情の傷つきを伴いやすく、顔を合わせて相談しづらい内容の相談にこそインターネットが向いているのです。

ただ、掲示板は多くの場合、聞きっぱなしか、一般的なアドバイスをしてくれるだけにとどまってしまいます。インターネット上に詳しい個人情報は書けないからです。掲示板は、いま切羽詰まっている子どもの逃げ場としてはとても有効ですし、アドバイスをもらえれば自分で頑張ろうと思える子どもにも役立つでしょう。けれど、より深刻化したいじめには別の方法も必要になると思われます。

社会全体でセーフティネットをつくる

深刻化したいじめは、相談だけではうまくいきません。相談だけではなく、ある意味では大人が子ども社会に切り込んでいって、力ずくでもその子を守るという強力な措置に出なくてはいけないのです。これは、教育関係者や保護者だけではなかなかむずかしいことです。特に、近年は雑務が増え、教師は非常に忙しい状況です。普段の教育的な関係も維持しなくてはいけないので、いじめに取り組む必要はもちろんあるけれども、それだけに徹して取り組むことはできません。その結果、対応が遅れてしまうこともあると思います。

例えばＮＰＯ法人にいじめ専門の窓口を開き、必要な情報を伝え、「○○でいじめられています。男子です。このようないじめをされています」と通報したら、水面下でさまざまな調査を行い、対応に取り組んでくれるような機関があると非常に救われると思います。そのようないじめ対応のセーフティネットを、社会全体でつくっていく必要があると思います。

※1：警察庁生活安全局少年課「少年非行等の概要（平成十八年一～十二月）」二〇〇七年、三一～三二頁。

※2：「射水市子どもの権利支援センターほっとスマイル」http://www.toyamav.net/~smile/

おわりに
「正義の感覚」に満ちた学校を―いじめ問題が学校に問いかけているもの―

私は、学校教育におけるいじめ対応の王道は、いじめが起きたらどうするか、という個別的な取組みではなく、いじめが生まれないような正義の感覚に満ちあふれた学校づくりをしていくことに尽きると思います。

その正義の感覚が緩んできたときにいじめは起きるのです。いじめが起きているからそれに対応するのではなく、いじめをはじめとしたさまざまな差別をお互いに許さない、強い正義の感覚を、学校全体、学級全体に満ちあふれさせていくこと、すなわち、正義の共同体づくりこそが、最も根本だと思うのです。

いま、学校教育目標を学校で掲げることになっていますが、正義の感覚を、学校の教育目標に掲げている学校はありません。日本人の感覚は、いい意味でも悪い意味でもあいまいなところがあり、結果的にやった者勝ちになってしまうところもあります。例えば、いじめられた子どもが転校せざるをえなくなり、いじめた子どもはのさばるという おかしな事態が現実に起きています。最終的には何があっても許されるという、母性的な感覚が日本の学校には非常に強いのです。

正義の感覚というのは父性の感覚です。現在の学校は、母性原理で動いています。けれども正義の共同体＝ジャストコミュニティをつくることは、学校を父性原理に基づいてつくり直していくことです。ゼロトレランスの導入もこれに近い発想でしょう。

まずは、校長がリーダーシップを取って、「こんな学校をつくろう」と教職員全体に訴える。あるいは、教師同士でよく話し合っていただきたいのです。そして、「正しいことが正しいと言える学校づくり」。学校を正義の共同体に育てていくこと。ぜひこれをめざしていただきたいと思います。

既に行われている具体的な実践としては、「君を守り隊」や「クラス会議」の導入などがあります。まず形から入ってもかまわないでしょう。ただ、背景に強い正義の感覚がなければ、学校からいじめがなくなるはずはないのです。教師同士がどんな学校をめざしたいのかを、まず本音で語り合うことから始めるべきではないでしょうか。

三章で、ストレスマネジメント、アンガーマネジメントについてもふれました。これらのスキルは非常に重要だと思います。たしかに、いじめる子もさまざまなストレスにさらされています。いじめられた子もストレスにさらされています。どちらもストレスにさらされている時点で、たまたま、いじめる子が攻撃をしかけてきて、それにやり返す。その繰り返しの過程でいじめがどんどんエスカレートすることもあります。だから、学校全体のストレスを軽減させることは非常に重要です。

けれども、単にいらいらがなくなって穏やかな気持ちになっただけでは、衝突するきっかけがなくなるだけです。これらの方法は、あくまでも手段なのです。それは、怒りやストレスというマイナスの要因を軽減させる方法にすぎないわけです。

私は、こうしたスキルを習得することも大変大きな意味をもつと思いますが、あまりにも心理学的、技術的な手法に走りすぎて、学校教育の理念を見失ってはいけないと思います。いじめの問題がなぜいけないかというと、いじめられた子どもの心が非常に傷つくからです。同時にいじめは、絶対許すべきではない犯罪行為であり、暴力行為であり、人権侵害であるからです。

ストレスの問題は心理学的な問題です。いじめられた子どもも、いじめた子どももストレスをもっている。それがきっかけとなっていじめが起きる。これは心理学的な問題であり、子どもたちのストレスの軽減には心理学的な技術で対応すべきです。けれど根本的にはいじめの問題は暴力行為であり、犯罪行為であり、人権を侵害する行為です。ストレスが子どもたちに蓄積されているからいじめに走っても仕方ない、とはなりません。いじめ防止の基本は、「強い正義の感覚を育成すること」であり、いじめの快楽に勝る強い正義の感覚に満ちた共同体（正義の共同体）へと学校を育てていくことです。この点を見失って技術に走りすぎてはならないのです。

いじめの対応は、いじめが起きたらどうするという問題解決的な対応でも、ストレスマネジメントといった心理学的な対応だけでも十分ではありません。正しいことを正しいと言える正義の感覚に満ちた学校をつくることではじめてできるのです。その学校で育った子どもたちが、正しいことがないがしろにされ弱肉強食になりがちなこの世の中で、「正しいことは正しい」と言える人間に育っていく。これこそが学校教育の使命ではないでしょうか。

いじめ問題は、根本的には、日本の学校にそんな問いを突きつけているのだと私は考えています。

★「いじめ」に関するおすすめの本

私がいじめについて考えるうえで参考にし、またぜひおすすめしたい本です。

・『君を守りたい　いじめゼロを実現した公立中学校の秘密』
中嶋博行著、朝日新聞社、二〇〇六年。

本書でも紹介した「君を守り隊」の実践のほか、弁護士である中嶋さんがかかわった衝撃的ないじめ事件について詳しく報告されています。「いじめを何とかしなくては!」という怒りとファイトがわいてくる本です。私はとても感動しました。

・『教室の悪魔　見えない「いじめ」を解決するために』
山脇由貴子著、ポプラ社、二〇〇六年。

児童相談所の心理司としての立場から、いじめられた子どもの心にていねいによりそって書かれています。冷静な筆致がリアルな感覚で読ませてくれます。

〔お知らせ〕　教師としての自己成長，人間的成長を目的とした心理学の体験的学習会(ワークショップ)を年に数回行っています。ご関心がおありの方は，私のホームページ（http://morotomi.net/）の研修会コーナーをご覧のうえ，メール（awareness@morotomi.net）もしくはFAX（03-3658-6056）にお問い合わせ／お申し込みください。郵送の方は，下記まで90円切手同封のうえ，お知らせください。電話でのお問い合わせは一切応じかねますので，ご了承ください。

〒101-0062　東京都千代田区神田駿河台1-1
明治大学14号館諸富研究室内「気づきと学びの心理学研究会」宛

教室に正義を！―いじめと闘う教師の13か条―

二〇〇七年七月一日　初版第一刷発行　［検印省略］
二〇〇七年七月二〇日　初版第二刷発行

著　者　諸富祥彦©
発行人　工藤展平
発行所　株式会社　図書文化社
〒一一二・〇〇一二　東京都文京区大塚三・二・一
電話　〇三・三九四三・二五一一
ファックス　〇三・三九四三・二五一九
振替　〇〇一六〇・七・六七六九七
http://www.toshobunka.co.jp/
装　幀　本永惠子デザイン室
イラスト　三輪一雄
印　刷　株式会社　高千穂印刷所
製　本　合資会社　村上製本所

ISBN978-4-8100-7502-1 C3037
乱丁・落丁本の場合はお取り替えいたします。
定価はカバーに表示してあります。